PAUL KLEINMAN

TUDO O QUE VOCÊ PRECISA SABER SOBRE

PSICOLOGIA

BOLWBY * FREUD * HARLOW * MASLOW
MILGRAM * RORSCHACH * SKINNER * VYGOTSKY

PAUL KLEINMAN

TUDO O QUE VOCÊ PRECISA SABER SOBRE

PSICOLOGIA

BOLWBY * FREUD * HARLOW * MASLOW
MILGRAM * RORSCHACH * SKINNER * VYGOTSKY

TRADUÇÃO: LEONARDO ABRAMOWICZ

Gente editora

Diretora
Rosely Boschini

Gerente Editorial
Marília Chaves

Assistente Editorial
Carolina Pereira da Rocha

Produtora Editorial
Rosângela de Araujo Pinheiro Barbosa

Controle de Produção
Fábio Esteves

Tradução
Leonardo Abramowicz

Preparação
Entrelinhas Editorial

Design de Capa
Stephanie Hannus

Imagens
© Jupiterimages Corporation and istockphoto.com/Zmeel Photography

Ilustrações Internas
Claudia Wolf

Diagramação e Adaptação de Capa
Entrelinhas Editorial

Revisão
Vero Verbo Serviços Editoriais

Impressão
Bartira

Título original: *Psych 101*
Copyright © 2012 by F+W Media, Inc.
Publicado por acordo com Adams Media, Na F+W Media, Inc. Company, 57 Littlefield Street, Avon, MA 02322, USA.

Todos os direitos desta edição são reservados à Editora Gente.

R. Dep. Lacerda Franco, 300 – Pinheiros
São Paulo, SP – CEP 05418-000
Telefone: (11) 3670-2500
Site: http://www.editoragente.com.br
E-mail: gente@editoragente.com.br

Dados Internacionais de Catalogação na Publicação (CIP)
(Câmara Brasileira do Livro, SP, Brasil)

Kleinman, Paul
  Tudo que você precisa saber sobre psicologia: um livro prático sobre o estudo da mente humana / Paul Kleinman ; tradução Leonardo Abramowicz. – São Paulo : Editora Gente, 2015.

  Título original: Psych 101.
  ISBN 978-85-452-0016-1

15-00709   CDD-158.1

Índice para catálogo sistemático:
1. Mente humana: Psicologia aplicada 158.1

DEDICATÓRIA

Para Lizzie,
a única pessoa que pode lidar com a minha loucura
e sempre consegue me manter são.

AGRADECIMENTOS

Gostaria de agradecer a minha família e a todos na Adams Media por seu apoio contínuo e a todos os grandes pensadores do mundo, sem os quais este livro não seria possível.

SUMÁRIO

INTRODUÇÃO   11

IVAN PAVLOV 12
B. F. SKINNER 17
SIGMUND FREUD 22
ANNA FREUD 29
LAWRENCE KOHLBERG 33
STANLEY MILGRAM 37
ALFRED ADLER 42
TEORIAS BÁSICAS SOBRE GRUPOS 46
PHILIP ZIMBARDO 50
SOLOMON ASCH 54
JOHN B. WATSON 58
HERMANN RORSCHACH 62
PERCEPÇÃO VISUAL 69
PSICOLOGIA DA GESTALT 74
PSICOLOGIA COGNITIVA 79
TEORIA DA DISSONÂNCIA COGNITIVA 87
TEORIA DA REDUÇÃO DO IMPULSO 91
HARRY HARLOW 94
JEAN PIAGET 97
ALBERT BANDURA 101
CARL ROGERS 105
ABRAHAM MASLOW 109
TEORIAS DA INTELIGÊNCIA 113
KURT LEWIN 118
CARL JUNG 122
HENRY MURRAY 126
CÉREBRO DIREITO E ESQUERDO 130
AMOR 134
KAREN HORNEY 139
JOHN BOWLBY 144
TEORIA DA ATRIBUIÇÃO 149
EMOÇÃO 154
PERSONALIDADE 159
TEORIAS DE LIDERANÇA 163
SONHOS 167

ARTETERAPIA 172
HIPNOSE 175
ALBERT ELLIS 178
TEORIA COGNITIVO-COMPORTAMENTAL 182
HEURÍSTICA 187
HARRY STACK SULLIVAN 190
O MÁGICO NÚMERO SETE, MAIS OU MENOS DOIS 195
ERICH FROMM 197
O EXPERIMENTO DO BOM SAMARITANO 202
TRANSTORNOS DE PERSONALIDADE 205
TRANSTORNOS DISSOCIATIVOS 210
O EXPERIMENTO ROSENHAN 213
ESTILOS DE APRENDIZAGEM DE DAVID KOLB 217
TRANSTORNOS DE ANSIEDADE 221
MARY AINSWORTH E SITUAÇÕES ESTRANHAS 226
TRANSTORNOS DE HUMOR 230
LEV VYGOTSKY 234
TRANSTORNOS SOMATOFORMES 237
EFEITOS FALSO CONSENSO E FALSA EXCLUSIVIDADE 240
ESTRESSE 243
TEORIA DA AUTODISCREPÂNCIA 247

INTRODUÇÃO:
O QUE É PSICOLOGIA?

psyche — palavra grega para "espírito, alma e respiração".
logia — palavra grega para "o estudo de algo".

A psicologia é o estudo dos processos mentais e comportamentais. Essencialmente, as pessoas que trabalham no campo da psicologia tentam dar sentido às perguntas: "O que o motiva a agir assim?" e "Como você vê o mundo?". Essas ideias bastante simples abrangem muitos temas diferentes e complicados, que incluem emoções, processos mentais, sonhos, memórias, percepção, personalidade, doença e tratamento.

Embora as raízes da psicologia remontem aos filósofos da Grécia Antiga, somente em 1879, quando o psicólogo alemão Wilhelm Wundt criou o primeiro laboratório totalmente dedicado ao estudo da psicologia, é que o campo de fato começou a decolar. Desde então, a psicologia tem se expandido de modo exponencial para uma ciência verdadeiramente diversificada, muitas vezes sobrepondo-se a outros estudos científicos, como medicina, genética, sociologia, antropologia, linguística, biologia e até mesmo áreas como esporte, história e amor.

Então, coloque a cabeça para funcionar, fique em uma posição confortável (talvez reclinado em um sofá) e prepare-se para aprender; é hora de começar a ter uma visão sobre si mesmo de uma forma que nunca soube ser possível. Seja usando este livro como um curso de revisão seja estudando tudo isso pela primeira vez, vamos começar. Bem-vindo ao *Tudo o que você precisa saber sobre psicologia*.

IVAN PAVLOV (1849-1936)

O homem que estudou o melhor amigo do homem

Ivan Pavlov nasceu em Ryazan, na Rússia, em 14 de setembro de 1849. Filho do pároco da aldeia, Pavlov inicialmente estudou Teologia até 1870, quando então abandonou os ensinamentos religiosos e entrou na Universidade de São Petersburgo para cursar fisiologia e química.

De 1884 a 1886 estudou com o renomado fisiólogo cardiovascular Carl Ludwig e com o fisiólogo gastrointestinal Rudolf Heidenhain. Em 1890, Pavlov havia se tornado um hábil cirurgião e passou a se interessar pela regulação da pressão sanguínea. Sem o uso de nenhum tipo de anestesia, Pavlov conseguia inserir de forma quase indolor um cateter na artéria femoral de um cão e registrar o impacto que os estímulos emocionais e farmacológicos causavam na pressão sanguínea. No entanto, a pesquisa de maior influência de Pavlov realizada com cães — o condicionamento clássico — ainda estava por vir.

De 1890 a 1924, Ivan Pavlov trabalhou na Academia Médica Imperial como professor de fisiologia. Em seus primeiros dez anos na academia, começou a voltar sua atenção mais para a correspondência entre a salivação e a digestão. Por meio de um procedimento cirúrgico, Pavlov conseguiu estudar as secreções gastrointestinais de um animal durante o seu tempo de vida em condições relativamente normais; e conduziu experimentos para mostrar a relação entre as funções autônomas e o sistema nervoso. Essa pesquisa fez Pavlov desenvolver seu conceito mais importante: o reflexo condicionado. Em 1930, Pavlov começou a utilizar sua pesquisa sobre reflexos condicionados para explicar as psicoses humanas.

Definições Médicas

REFLEXO CONDICIONADO: uma resposta que fica associada a um estímulo com o qual não tinha relação anterior, em função do emparelhamento do estímulo com outro que normalmente gera a resposta.

Embora elogiado e apoiado pela União Soviética, Pavlov foi um crítico ferrenho do regime comunista, tendo até denunciado publicamente o governo em 1923, após uma viagem aos Estados Unidos. Quando, em 1924, o governo expulsou os filhos de padres da antiga Academia Médica Imperial (que na época passara a se chamar Academia Médico-Militar de Leningrado), Pavlov, ele próprio filho de um pároco, demitiu-se do cargo de professor. O doutor Ivan Pavlov morreu em 27 de fevereiro de 1936, em Leningrado.

Os muitos prêmios recebidos por Ivan Pavlov

Ao longo da vida, a pesquisa do doutor Pavlov foi recebida com grandes elogios. Eis aqui uma amostra de suas conquistas:

- Eleito membro associado da Academia Russa de Ciências (1901).
- Agraciado com o Prêmio Nobel de Fisiologia e Medicina (1904).
- Eleito acadêmico da Academia Russa de Ciências (1907).
- Agraciado com o doutorado honorário pela Universidade Cambridge (1912).
- Recebeu a Ordem da Legião de Honra pela Academia de Medicina de Paris (1915).

CONDICIONAMENTO CLÁSSICO — APRENDER POR ASSOCIAÇÃO

O condicionamento clássico foi o trabalho mais famoso e influente de Ivan Pavlov, e estabeleceu grande parte das bases da psicologia comportamental. Em essência, a ideia do condicionamento clássico é simplesmente aprender algo por associação. Pavlov identificou quatro princípios básicos:

1. **Estímulo incondicionado:** um estímulo é qualquer ato, influência ou agente que gera uma resposta. Um estímulo incondicionado é aquele que aciona automaticamente algum tipo de resposta. Por exemplo, se o pólen faz a pessoa espirrar, então o pólen é um estímulo incondicionado.
2. **Resposta incondicionada:** trata-se da resposta acionada automaticamente em função do estímulo incondicionado. Em essência,

é uma reação natural e inconsciente para qualquer estímulo. Por exemplo, se o pólen faz uma pessoa espirrar, o espirro é uma resposta incondicionada.
3. **Estímulo condicionado:** quando um estímulo neutro (que não está relacionado com a resposta) fica associado a um estímulo incondicionado, desencadeando, assim, uma resposta condicionada.
4. **Resposta condicionada:** trata-se de uma resposta que foi aprendida a partir de um estímulo anteriormente neutro.

Confuso? Não fique. Na verdade é muito simples! Imagine que você se retraiu depois de ouvir um som alto. O som desencadeou uma resposta natural, tornando-se um estímulo incondicionado, e o retraimento foi a resposta incondicionada, pois foi algo que você fez inconscientemente em função do estímulo incondicionado.

Agora, se você repetidamente observa acontecer determinado movimento ao mesmo tempo, ou um pouco antes, de ouvir o som alto — por exemplo, uma pessoa levantar o punho para batê-lo na mesa —, pode, então, começar a associar esse movimento com o som alto, retraindo-se sempre que vir um punho se mover de maneira semelhante, mesmo sem ouvir som nenhum. O movimento do punho (o estímulo condicionado) ficou associado com o estímulo incondicionado (o som) e fez você se retrair (a resposta condicionada).

OS CÃES DE PAVLOV

O doutor Ivan Pavlov conseguiu estabelecer essas ideias observando as secreções irregulares de cães não anestesiados. Inicialmente, ele começou a estudar a digestão em cães pela medição da quantidade de saliva que os animais produziam quando itens comestíveis e não comestíveis eram introduzidos.

Pavlov passou a notar que os cães começavam a salivar toda vez que um assistente entrava na sala. Acreditando que os animais estavam respondendo aos aventais brancos que os assistentes vestiam, Pavlov levantou a hipótese de que essa produção de saliva ocorria realmente em resposta a determinado estímulo, e que os cães estavam associando os aventais brancos com a chegada da comida. Além disso, Pavlov observou que a produção de saliva que ocorria quando o alimento era apresentado aos cães era um reflexo incondicionado, enquanto a produção de saliva resultante da visão dos aventais brancos era um reflexo aprendido, ou condicionado. Para aprofundar suas descobertas, Pavlov criou um dos experimentos científicos mais famosos de todos os tempos: os cães de Pavlov.

EVOLUÇÃO DO EXPERIMENTO DOS CÃES DE PAVLOV

1. As cobaias nesse experimento de resposta condicionada são cães de laboratório.
2. Inicialmente, deve-se escolher um estímulo incondicionado. Nesse experimento, o estímulo incondicionado é o alimento, que provoca uma resposta natural e automática: salivação. Como estímulo neutro, o experimento utiliza o som de um metrônomo.
3. A observação das cobaias antes do condicionamento revela que a saliva é gerada quando os cães são expostos à comida, e nenhuma saliva é gerada quando os cães são expostos ao som do metrônomo.
4. Para iniciar o processo, as cobaias são repetidamente expostas ao estímulo neutro (o som do metrônomo) e recebem imediatamente o estímulo incondicionado (alimento).
5. Passado um período, as cobaias começam a equiparar o som do metrônomo à entrega de comida. Quanto maior o tempo do experimento, mais profundamente arraigado fica o condicionamento.
6. Concluída a fase de condicionamento, o estímulo neutro (o metrônomo) faz com que os cães comecem a salivar na expectativa da comida, independentemente de o alimento ser ou não trazido. A salivação tornou-se uma resposta condicionada.

EXPERIMENTO — POR QUEM OS SINOS DOBRAM: REALIZAÇÃO DO EXPERIMENTO DE RESPOSTA CONDICIONADA

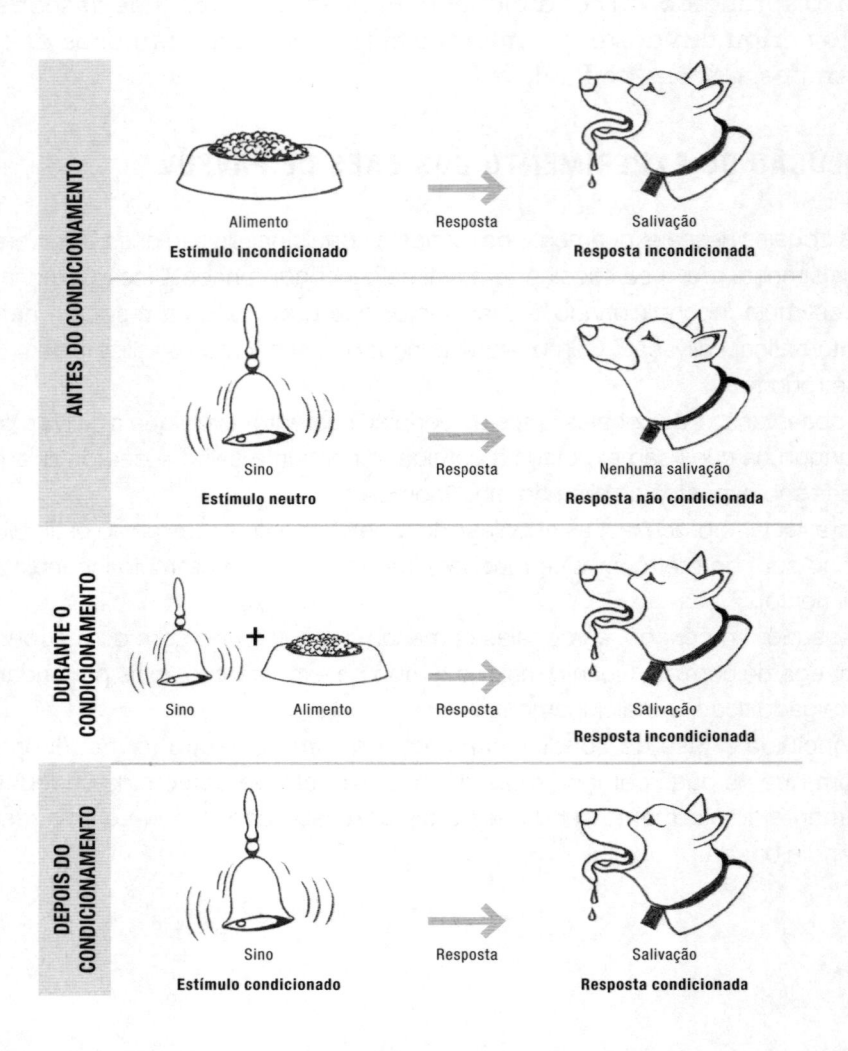

ANTES DO CONDICIONAMENTO

Alimento — Resposta — Salivação
Estímulo incondicionado — **Resposta incondicionada**

Sino — Resposta — Nenhuma salivação
Estímulo neutro — **Resposta não condicionada**

DURANTE O CONDICIONAMENTO

Sino + Alimento — Resposta — Salivação
Resposta incondicionada

DEPOIS DO CONDICIONAMENTO

Sino — Resposta — Salivação
Estímulo condicionado — **Resposta condicionada**

Embora ele seja mais conhecido na cultura popular por seus famosos cães, a importância da pesquisa de Pavlov vai muito além da produção de saliva. Suas revelações sobre condicionamento e resposta aprendida desempenharam um papel importante para compreender a alteração de comportamento em seres humanos e o avanço do tratamento de problemas de saúde mental, como transtornos de pânico, transtornos de ansiedade e fobias.

B. F. SKINNER (1904-1990)
Tudo se resume às consequências

Burrhus Frederic Skinner nasceu em 20 de março de 1904, em Susquehanna, na Pensilvânia. Filho de um advogado e uma dona de casa, Skinner teve uma infância acolhedora e estável que lhe deixou bastante tempo para a criatividade e a invenção — duas características que foram muito úteis durante toda a sua carreira. Tendo se formado na Hamilton College em 1926, Skinner pensou originalmente em se tornar escritor. Trabalhando como vendedor em uma livraria na cidade de Nova York, Skinner descobriu as obras de John B. Watson e Ivan Pavlov, que o fascinaram a ponto de fazê-lo colocar de lado os planos de se tornar um romancista e seguir uma carreira em psicologia.

Aos 24 anos, Skinner matriculou-se no departamento de psicologia da Universidade Harvard e começou seus estudos sob a orientação de William Crozier, diretor do novo departamento de fisiologia. Embora não fosse psicólogo, Crozier interessava-se pelo estudo do comportamento dos animais "como um todo", em uma abordagem bastante diferente da adotada pelos psicólogos e fisiólogos da época. Em vez de tentar entender todos os processos que ocorriam dentro do animal, Crozier — e, depois, Skinner — interessava-se mais pelo seu comportamento geral. O pensamento de Crozier combinou perfeitamente com o trabalho que Skinner pretendia realizar; ele estava interessado em aprender como o comportamento se relacionava com as condições experimentais. O trabalho mais importante e influente de Skinner, o conceito de condicionamento operante e a invenção da câmara de condicionamento operante, veio desse período em Harvard. O trabalho de Skinner conduzido nessa universidade é ainda uma das pesquisas mais importantes no que diz respeito ao behaviorismo — trabalho que transmitiu pessoalmente como professor para gerações de estudantes da universidade em que se formou, até falecer com 86 anos, em 1990.

Premiações de Skinner

A obra de B. F. Skinner causou profundo impacto no mundo da psicologia, e seu trabalho não passou despercebido. Dentre suas honrarias mais importantes:

- Foi agraciado pelo presidente Lyndon B. Johnson com a Medalha Nacional de Ciências (1968).
- Foi condecorado com a Medalha de Ouro da Fundação Americana de Psicologia (1971).
- Recebeu o Prêmio Humano do Ano (1972).
- Recebeu uma citação por sua Contribuição Extraordinária à Psicologia ao Longo de Toda a Carreira (1990).

O CONDICIONAMENTO OPERANTE E A CAIXA DE SKINNER

O trabalho mais importante de B. F. Skinner foi o conceito de condicionamento operante. Essencialmente, o condicionamento operante é aquele em que alguém aprende um comportamento como resultado de recompensas e punições associadas a esse comportamento. O condicionamento operante pode ser dividido em quatro tipos:

1. **Reforço positivo:** ocorre quando um comportamento é reforçado e a probabilidade de se repetir aumenta por ter uma condição positiva como resultado.
2. **Reforço negativo:** um comportamento é reforçado a fim de evitar ou interromper uma condição negativa.
3. **Punição:** ocorre quando um comportamento é enfraquecido e a probabilidade de se repetir diminui por ter uma condição negativa como resultado.
4. **Extinção:** quando um comportamento é enfraquecido porque o resultado não levou a uma condição positiva ou negativa.

Os reforços positivos e negativos fortalecem determinado comportamento, tornando mais provável a sua ocorrência, e a punição e extinção enfraquecem determinado comportamento.

Para analisar o condicionamento em ação, B. F. Skinner realizou um experimento muito simples e inventou a câmara de condicionamento operante, que hoje muitas vezes é chamada de Caixa de Skinner.

> **EXPERIMENTO**

A CAIXA DE SKINNER E O CONDICIONAMENTO OPERANTE

1. Para conduzir o experimento, comece colocando um rato faminto dentro da caixa. Toda vez que pressionar uma alavanca dentro da caixa, o rato receberá uma pastilha de alimento. O rato logo aprende que ao pressionar a alavanca ele consegue comida (uma condição positiva) e, assim, um comportamento é fortalecido pelo reforço positivo.
2. Em seguida, coloque um rato dentro da caixa e aplique um leve choque elétrico em suas patas (uma condição negativa). Se o rato pressionar a alavanca, o choque é interrompido. Então, envie outro pequeno choque elétrico às patas do rato. Mais uma vez, quando o rato pressiona a alavanca, o choque elétrico para. Toda vez que o rato recebe um choque elétrico, ele aprende que para interrompê-lo é preciso acionar a alavanca. Este é um exemplo de reforço negativo, pois o rato aprende um comportamento a fim de parar uma condição negativa.

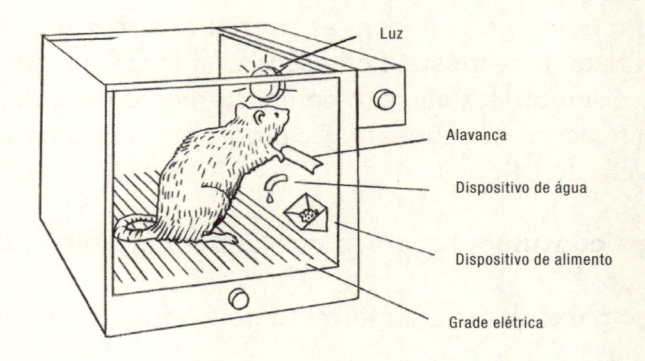

A CAIXA DE SKINNER

3. Coloque um rato na caixa e aplique um leve choque elétrico (condição negativa) toda vez que ele pressionar a alavanca. O comportamento de pressionar a alavanca será enfraquecido por causa da condição negativa: este é um exemplo de punição.
4. Agora coloque o rato na caixa e não lhe dê comida ou um choque elétrico toda vez que a alavanca for pressionada. O rato não associará uma condição positiva ou negativa ao comportamento de pressionar a alavanca e, assim, o comportamento será enfraquecido. Este é um exemplo de extinção.

O legado infeliz da Caixa de Skinner

Em 1943, a esposa grávida de Skinner pediu-lhe que construísse um berço mais seguro para o bebê. Sempre inventando, Skinner criou um berço aquecido que era fechado por uma janela de acrílico e chamou-o de Bebê Climatizado. Skinner enviou um artigo para o *Ladies' Home Journal* e a revista imprimiu a história com o título "Bebê em uma Caixa". Com o legado do trabalho de Skinner em condicionamento operante, logo se espalhou o boato de que Skinner havia usado o experimento de câmara de condicionamento operante na própria filha e que isso a enlouqueceu a ponto de querer se suicidar. Esses boatos, porém, eram completamente falsos.

PROGRAMAÇÕES DE REFORÇO

Outro componente importante do condicionamento operante é o conceito de programações de reforço. A frequência e o momento em que um comportamento é reforçado podem afetar muito a resistência do comportamento e a taxa de resposta. Pode-se usar reforços positivo e negativo, e o objetivo é sempre fortalecer o comportamento e aumentar a probabilidade de que ocorra novamente. As programações de reforço podem ser divididas em dois tipos:

1. **Reforço contínuo:** toda vez que um comportamento ocorre, ele é reforçado.
2. **Reforço parcial:** um comportamento é reforçado em parte do tempo.

Curiosamente, a resposta que resulta do reforço parcial é, na verdade, mais resistente à extinção, pois esses comportamentos são aprendidos ao longo do tempo e não adquiridos de uma só vez. O reforço parcial pode ser dividido ainda em quatro programações:

1. **Esquemas de razão fixa:** depois de determinado número de respostas, a resposta é reforçada. Por exemplo, um rato só recebe pastilhas de comida depois de pressionar a alavanca por três vezes.
2. **Esquemas de razão variável:** o reforço ocorre depois de um número imprevisível de respostas. Por exemplo, um rato pressiona a alavanca várias vezes, mas uma pastilha de comida é fornecida de maneira aleatória sem se basear em nenhum tipo de esquema fixo.
3. **Esquemas de intervalo fixo:** uma resposta é recompensada depois de determinado período. Por exemplo, se um rato pressionar a alavanca

em um período de 30 segundos, ele recebe uma pastilha de comida. Não importa quantas vezes o rato pressiona a alavanca, pois somente uma pastilha será dada durante esse intervalo de tempo.
4. **Esquemas de intervalo variável:** o reforço ocorre depois de um período imprevisível. Por exemplo, o rato pode ser recompensado com uma pastilha a cada 15 segundos e, então, a cada 5 segundos e, depois, a cada 45 segundos etc.

Exemplos dos quatro esquemas diferentes de reforço podem ser encontrados na vida cotidiana. Por exemplo, um esquema de razão fixa é geralmente encontrado quando se joga videogames (em que o jogador precisa pegar determinado número de pontos ou moedas para obter uma recompensa); as máquinas caça-níqueis apresentam um esquema de razão variável; ter um salário semanal ou quinzenal é um exemplo de esquema de intervalo fixo; e quando o chefe entra no escritório para verificar o progresso dos funcionários em horários aleatórios é um exemplo de esquema de intervalo variável. Para aprender um comportamento novo, o esquema de razão fixa é sempre melhor, enquanto um esquema de intervalo variável é extremamente resistente à extinção.

Embora o behaviorismo tenha perdido sua popularidade ao longo do tempo, não há como negar o impacto de B. F. Skinner. Suas técnicas operantes ainda são vitais aos profissionais de saúde mental para ajudar no tratamento de pacientes, e suas ideias de reforço e punição ainda são usadas no ensino e no adestramento de cães.

SIGMUND FREUD (1856-1939)
O criador da psicanálise

Sigmund Freud nasceu em 6 de maio de 1856, em Freiberg, na Morávia, atual República Tcheca. A mãe de Freud foi a segunda esposa de seu pai e era vinte anos mais nova. Freud tinha dois meios-irmãos que eram cerca de vinte anos mais velhos que ele; além disso, foi o primeiro de sete filhos de sua mãe. Com 4 anos, Freud mudou-se da Morávia para Viena, na Áustria, onde passaria a maior parte de sua vida, apesar de afirmar que não gostava da cidade.

Freud teve bom desempenho na escola e por ser judeu — embora mais tarde viesse a se identificar como ateu — frequentou a escola de medicina na Universidade de Viena em 1873 (medicina e direito eram as únicas opções viáveis disponíveis para os homens judeus naquela época em Viena). Embora Freud desejasse fazer pesquisa neuropsicológica, conseguir uma vaga em pesquisa era extremamente difícil. Assim, Freud passou para a prática privada com foco em neurologia.

Durante sua formação, Freud fez amizade com um médico e psicólogo chamado Josef Breuer. Esse relacionamento se mostraria extremamente importante para o desenvolvimento do trabalho de Freud, pois Breuer começara a tratar os pacientes histéricos utilizando a hipnose e incentivando-os a falar sobre o passado. O processo de hipnose, que a paciente de Breuer, Anna O., chamou de "cura pela fala", permitia que os pacientes discutissem lembranças das quais não conseguiam se recordar durante o estado de consciência; e, assim, os sintomas de sua histeria podiam ser aliviados. Freud escreveu *Estudos sobre a histeria* em coautoria com Breuer e, em seguida, viajou para Paris para aprender mais sobre hipnose com o renomado neurologista francês Jean-Martin Charcot.

Em 1886, Freud voltou a Viena e começou a atender em um consultório particular. Originalmente, utilizou a hipnose com seus pacientes de neurose e histeria, mas logo percebeu que poderia obter mais deles deixando-os sentados em posição relaxada (como em um sofá) e incentivando-os a falar sobre aquilo o que lhes viesse à mente (conhecido como associação livre). Dessa forma, Freud acreditava que conseguiria analisar o que foi dito e determinar qual acontecimento traumático do passado era responsável pelo sofrimento atual do paciente.

Os trabalhos mais famosos de Freud vieram em rápida sucessão — no espaço de cinco anos, lançou três livros que afetariam a psicologia por décadas: *A interpretação dos sonhos*, em 1900, no qual apresentou ao mundo a ideia de mente inconsciente; *Sobre a psicopatologia da vida cotidiana*, no qual teorizou que os lapsos da fala — mais tarde conhecidos como atos falhos — eram, na verdade, comentários significativos revelados pelo "inconsciente dinâmico"; e *Três ensaios sobre a teoria da sexualidade*, em que, entre outras coisas, falou sobre o agora famoso complexo de Édipo.

Uma das principais mentes científicas da época, Freud se viu recebendo uma atenção indesejada quando, em 1933, o regime nazista chegou ao poder na Alemanha e começou a queimar suas obras. Em 1938, os nazistas ocuparam a Áustria, e Freud teve seu passaporte confiscado. Foi apenas em decorrência de sua fama internacional e da influência de estrangeiros que obteve autorização para se mudar para a Inglaterra, onde permaneceu até sua morte em 1939.

ETAPAS DO DESENVOLVIMENTO PSICOSSEXUAL

A teoria do desenvolvimento psicossexual de Freud é uma das mais conhecidas e controversas na psicologia. Freud acreditava que a personalidade de um indivíduo é, em sua maior parte, estabelecida já na idade de 6 anos e que, quando uma sequência predeterminada de fases é concluída com êxito, o resultado seria uma personalidade saudável, enquanto o fracasso levaria a uma personalidade doentia.

Freud acreditava que as fases em sequência eram baseadas em zonas erógenas (partes sensíveis do corpo que despertam o prazer sexual, o desejo e a estimulação) e que o fracasso na conclusão de uma fase deixaria a criança com fixação nessa zona erógena. Isso levaria a pessoa ao excesso ou à falta de gratificação quando atingisse a idade adulta.

Fase oral (do nascimento até 18 meses)

Nessa fase a criança está voltada para prazeres orais, como chupar, pois eles criam uma sensação de conforto e confiança. Se houver pouca gratificação ou gratificação demais nessa fase, a criança desenvolverá uma personalidade oral ou fixação oral e ficará preocupada com comportamentos orais. De acordo com Freud, as pessoas com esse tipo de personalidade são mais propensas a roer as unhas, fumar, beber ou comer demais, e serão crédulos, dependerão de outras pessoas e sempre serão seguidores.

Fase anal (18 meses a 3 anos)

Durante essa fase, o foco principal de uma criança volta-se para o controle da bexiga e do intestino, e ela obtém prazer por controlar essas atividades. Freud acreditava que o sucesso nessa fase seria alcançado se os pais fizessem elogios e recompensas durante o treinamento do uso do banheiro, deixando o filho sentir-se capaz e produtivo — esse comportamento levaria a criança a ter uma personalidade competente e criativa mais tarde na vida. Se os pais fossem lenientes demais com o filho durante o treinamento do uso do banheiro, ele acreditava que isso poderia levar a uma personalidade anal-expulsiva e que a criança seria destrutiva, confusa e desperdiçadora. Se os pais adotassem uma abordagem muito rígida, ou forçassem muito cedo o treinamento do uso do banheiro, isso poderia levar a uma personalidade anal-retentiva, e a criança desenvolveria uma obsessão com a perfeição, limpeza e controle.

Fase fálica (3 a 6 anos)

Nessa fase, Freud acreditava que as zonas de prazer se voltavam para os órgãos genitais, dando origem a uma de suas ideias mais famosas, a do complexo de Édipo. Freud acreditava que nessa fase um menino desenvolve inconscientemente um desejo sexual pela mãe, vê o pai como um competidor pelo carinho dela e deseja substituí-lo. Além disso, o menino desenvolve uma ansiedade de castração quando começa a ver o pai como alguém que está tentando puni-lo por seus sentimentos edipianos. Em vez de brigar com o pai, porém, o menino se identifica com ele em um esforço para, indiretamente, possuir a mãe. Freud acreditava que a fixação nessa fase poderia levar a desvios sexuais e tornar a pessoa confusa ou com uma fraca identidade sexual.

Em 1913, Carl Jung cunhou o termo "complexo de Electra", que descreve uma relação semelhante vivenciada pelas meninas pequenas com os pais. No entanto, Freud discordou desse conceito, acreditando que as meninas sentiam, na verdade, uma inveja do pênis (em que existem ressentimento e descontentamento, pois as meninas desejariam ter um pênis).

Fase de latência (6 anos até a puberdade)

Nessa fase, os impulsos sexuais são reprimidos e a energia sexual da criança é dirigida a outras trocas, como as interações sociais e as atividades intelectuais. Durante essa fase, elas brincam principalmente com crianças do mesmo sexo, não ocorrendo desenvolvimento psicossexual ou fixação.

Fase genital (da puberdade até a idade adulta)

A última fase no modelo de Freud envolve o despertar dos impulsos sexuais e um interesse sexual no sexo oposto. Se todas as fases anteriores foram concluídas com êxito, a pessoa será atenciosa e bem equilibrada, e o prazer estará centrado nos genitais. Se houver fixação nessa fase, o indivíduo pode ter perversões sexuais.

Naturalmente, a teoria de Freud tem seus críticos. Ele centrou-se quase exclusivamente no desenvolvimento do sexo masculino. Sua pesquisa não se baseou no comportamento das crianças, e sim naquilo que lhe contaram seus pacientes adultos. Como há um grande intervalo de tempo entre a hipotética "causa" na infância e o eventual "efeito" na idade adulta em suas teorias, é extremamente difícil medir ou testar se as ideias freudianas de desenvolvimento psicossexual são precisas.

MODELOS ESTRUTURAIS DA PERSONALIDADE

Além de suas concepções de desenvolvimento psicossexual, Freud acreditava que estavam em jogo inúmeras outras forças impulsionadoras importantes para a compreensão do desenvolvimento da personalidade de um indivíduo. Seu modelo estrutural da personalidade tenta descrever como a mente funciona, fazendo distinções entre três partes da personalidade e da mente humana: o id, o ego e o superego.

Id

Cada pessoa nasce com um id — que é responsável pela satisfação das necessidades básicas da criança recém-nascida. Freud afirmava que o id baseia-se em algo conhecido como "princípio do prazer", que essencialmente significa que o id quer tudo aquilo que possa satisfazer naquele exato momento e desconsidera quaisquer ramificações. Não há nenhuma consideração sobre a forma como o resto da situação poderia se desenrolar ou para com quaisquer outras pessoas envolvidas. Por exemplo, quando um bebê se machuca, quer algo para comer, necessita ser trocado ou simplesmente quer a atenção dos outros, o id faz o bebê chorar até que as necessidades sejam atendidas.

Ego

O próximo aspecto da personalidade — o ego — começa a se desenvolver naturalmente ao longo dos primeiros três anos, como resultado da interação da criança com o mundo ao redor. Por causa disso, Freud afirmava que o ego se baseia em algo que ele chamava de "princípio da realidade". O ego começa a perceber que existem outras pessoas ao redor que também têm desejos e necessidades, e que o comportamento egoísta e impulsivo pode na verdade causar danos. O ego deve considerar a realidade de qualquer circunstância específica ao mesmo tempo em que atende às necessidades do id. Por exemplo, quando uma criança pensa duas vezes sobre fazer algo inapropriado porque entende o resultado negativo que pode ocorrer, trata-se do ego se afirmando.

Superego

O superego se desenvolve quando a criança tem 5 anos e está chegando ao fim da fase fálica. Esta é a parte de nossa personalidade composta por moral e ideais adquiridos e colocados em nós pela sociedade e pelos nossos pais. Muitas pessoas consideram o superego equivalente à consciência, pois ambos os termos se referem à parte de nossa personalidade que julga o que é certo ou errado.

Freud acreditava que, em uma pessoa realmente saudável, o ego seria mais forte do que o id e o superego, pois assim ele consideraria a realidade da situação, enquanto ao mesmo tempo atendia às necessidades do id e garantiria que o superego não fosse perturbado. No caso de o superego ser mais forte, uma pessoa seria guiada por uma moral muito rígida, e, se o id for mais forte, buscaria o prazer acima da moralidade e poderia causar grande dano (o estupro, por exemplo, quando alguém escolhe a busca do prazer em vez da moralidade, e é um sinal de um id forte).

CONCEPÇÃO FREUDIANA SOBRE A PSIQUE HUMANA

Freud acreditava que nossos sentimentos, impulsos, nossas crenças e emoções subjacentes estavam enterrados em nosso inconsciente e, portanto, indisponíveis para a mente desperta. No entanto, Freud acreditava também que havia níveis de consciência para além de apenas o consciente e o inconsciente. Para entender melhor a teoria de Freud, imagine um iceberg.

A água em torno do iceberg é conhecida como o "não consciente". Trata-se de tudo aquilo que não se tornou parte de nosso consciente. Existem coisas que não vivenciamos e das quais não estamos cientes e que, portanto, não se tornaram parte ou moldaram nossa personalidade.

A ponta do iceberg, a nossa consciência, é apenas uma porção muito pequena de nossa personalidade e, como é a única parte de nós mesmos com a qual estamos familiarizados, realmente sabemos pouquíssimo sobre o que compõe nossa personalidade. O consciente contém pensamentos, percepções e cognição cotidiana.

Diretamente abaixo do consciente, na base do iceberg, está o pré-consciente ou subconsciente. Se for solicitada, a mente pré-consciente pode ser acessada, mas não é parte ativa de nosso consciente e requer um pouco de trabalho de escavação. Coisas como lembranças de infância, nosso antigo número de telefone, o nome de um amigo que tínhamos quando éramos mais jovens e quaisquer outras lembranças profundamente guardadas são encontradas nessa área. É na mente pré-consciente que o superego pode ser encontrado.

Uma vez que estamos apenas cientes da ponta do iceberg a qualquer momento de nossa vida, o inconsciente é incrivelmente grande e consiste das camadas enterradas e inacessíveis de nossa personalidade. É aqui que encontramos coisas como medos, impulsos morais, experiências constrangedoras, necessidades egoístas, desejos irracionais e desejos sexuais inaceitáveis. É aqui também que o id pode ser encontrado. O ego não fica fixo em uma parte específica do iceberg e pode ser encontrado no consciente, no pré-consciente e no inconsciente.

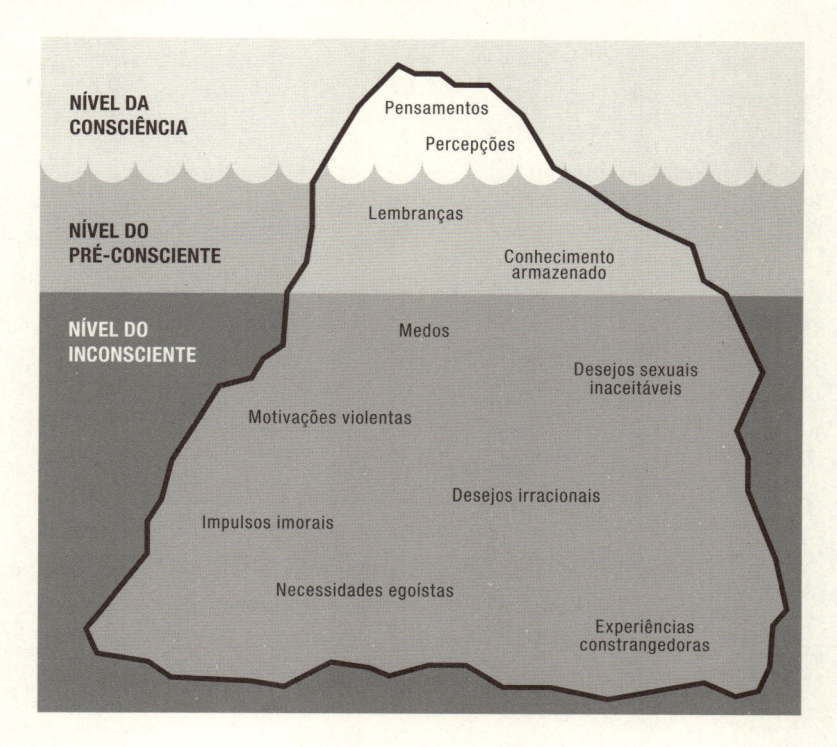

METÁFORA DO ICEBERG

Não há como negar a enorme influência de Sigmund Freud para os campos da psicologia e da psiquiatria. Suas ideias mudaram completamente a forma como as pessoas viam a personalidade, a sexualidade, a memória e a terapia, e ele é talvez o psicólogo mais conhecido no imaginário popular um século depois de ter aparecido pela primeira vez como um eminente estudioso da mente.

ANNA FREUD (1895-1982)
Pensar sobre as crianças

Anna Freud nasceu em 3 de dezembro de 1895, em Viena, na Áustria, e foi a caçula dos seis filhos de Sigmund Freud. Apesar de se sentir distante de seus irmãos e de sua mãe, Anna foi muito próxima do pai. Embora tenha frequentado uma escola privada, afirmava ter aprendido pouquíssimo em sala de aula e que grande parte de sua educação veio por estar perto dos amigos e colegas de seu pai.

Após o ensino médio, Anna começou a traduzir a obra do pai para o alemão e a trabalhar como professora na escola primária, onde passou a se interessar por terapia infantil. Em 1918, contraiu tuberculose e teve de deixar o cargo de professora. Durante esse período difícil, começou a contar seus sonhos para o pai. Quando ele começou a analisá-la, Anna rapidamente consolidou o interesse pela profissão do pai e decidiu abraçar a psicanálise. Embora Anna Freud acreditasse em muitas das ideias básicas de Freud, ela estava menos interessada na estrutura do subconsciente e mais interessada no ego e na dinâmica, ou motivações, da psique de uma pessoa. Esse interesse levou à publicação de seu livro inovador *O ego e os mecanismos de defesa*, em 1936.

Anna Freud talvez seja mais conhecida por criar o campo da psicanálise infantil, que forneceu grandes ideias sobre a psicologia da criança; ela também é conhecida por desenvolver diferentes métodos para o tratamento de crianças. Em 1923, sem nunca ter obtido um diploma de faculdade, Anna começou a trabalhar na própria clínica de psicanálise infantil em Viena e foi nomeada presidente da Sociedade Psicanalítica de Viena.

Em 1938, por causa da invasão nazista, Anna Freud e sua família fugiram do país e se mudaram para a Inglaterra. Em 1941 ela fundou uma instituição em Londres com Dorothy Burlingham e Helen Ross, chamada Berçário de Guerra Hampstead (*Hampstead War Nursery*), que serviu de lar adotivo e programa psicanalítico para crianças desabrigadas. Seu trabalho nessa instituição levou à publicação de três livros: *Young Children in Wartime* (em tradução livre, Crianças jovens em tempo de guerra) em 1942, *Infants without Families* (Crianças sem família), em 1942 e *War and Children* (Guerra e crianças), em 1943. Em 1945, o berçário fechou e Anna Freud criou e dirigiu o Curso e Clínica de Terapia

Infantil Hampstead (*Hampstead Child Therapy Course and Clinic*), um cargo que manteve até a morte. Até seu falecimento em 1982, Anna havia deixado um legado profundo e duradouro nessa área, que possivelmente só foi ofuscado pelo monumental impacto de seu pai e de um punhado de outros psicólogos.

MECANISMOS DE DEFESA

Para entender as contribuições de Anna Freud para o conceito de mecanismos de defesa, é preciso, primeiro, dar uma olhada no trabalho de seu pai. Sigmund Freud descreveu alguns mecanismos de defesa que o ego utiliza ao lidar com conflitos com o id e o superego. Ele afirmava que uma redução da tensão era uma das principais motivações para a maioria das pessoas e que essa tensão era em grande parte causada pela ansiedade. Além disso, dividiu a ansiedade em três tipos:

1. **Ansiedade da realidade:** trata-se do medo da ocorrência de eventos do mundo real. Por exemplo, uma pessoa tem medo de ser mordida por um cachorro porque está perto de um cão feroz. A maneira mais fácil de reduzir a tensão da ansiedade da realidade é afastar-se da situação.
2. **Ansiedade neurótica:** trata-se do medo inconsciente de sermos dominados e perdermos o controle para os impulsos do id, e que isso leve à punição.
3. **Ansiedade moral:** trata-se do medo de que nossos princípios morais e nossos valores sejam violados, resultando em sentimentos de vergonha ou culpa. Esse tipo de ansiedade vem do superego.

Sigmund Freud afirmava que, quando ocorre a ansiedade, os mecanismos de defesa são utilizados para lidar com ela e proteger o ego da realidade, do id e do superego. Ele dizia que muitas vezes esses mecanismos inconscientemente distorciam a realidade e podiam ser utilizados de forma exagerada por uma pessoa para evitar um problema. Portanto, pode ser benéfico compreender e revelar esses mecanismos de defesa para que uma pessoa possa administrar sua ansiedade de uma forma mais saudável.

E onde Anna Freud entra em cena? Com maior destaque, ela é responsável por identificar os mecanismos específicos de defesa que o ego utiliza para reduzir a tensão. Esses mecanismos são os seguintes:

- **Negação:** recusa em admitir ou reconhecer que algo está ocorrendo ou ocorreu.
- **Deslocamento:** transferência dos sentimentos e das frustrações para algo ou alguém que é menos ameaçador.
- **Intelectualização:** pensar em algo de uma perspectiva fria e objetiva de modo que evite colocar o foco na parte estressante e emocional da situação.
- **Projeção:** pegar os próprios sentimentos desconfortáveis e atribuí-los a outra pessoa, de maneira que pareça que é ela quem está se sentindo assim, em seu lugar.
- **Racionalização:** ao evitar o motivo real para um sentimento ou comportamento, uma pessoa cria justificativas possíveis, porém falsas.
- **Formação reativa:** comportar-se de maneira oposta para esconder seus verdadeiros sentimentos.
- **Regressão:** regredir para um comportamento infantil. Anna Freud afirmava que uma pessoa assumiria determinados comportamentos com base na fase de desenvolvimento psicossexual em que estivesse fixada. Por exemplo, uma pessoa presa na fase oral poderia começar a comer ou fumar excessivamente, ou tornar-se mais agressiva verbalmente.
- **Repressão:** passar os pensamentos que nos deixam desconfortáveis para o nosso subconsciente.
- **Sublimação:** converter comportamentos inaceitáveis para uma forma mais aceitável. Por exemplo, uma pessoa com raiva pratica o boxe como uma forma de desabafar. Freud acreditava que a sublimação era um sinal de maturidade.

PSICANÁLISE INFANTIL

Para criar uma terapia bem-sucedida para crianças, Anna Freud originalmente planejou utilizar a obra de seu pai como um guia, de modo que pudesse fazer um cronograma e mapear uma taxa normal de crescimento e desenvolvimento para crianças. Dessa forma, se determinados desenvolvimentos, como a higiene, por exemplo, estivessem em atraso ou faltando, um terapeuta identificaria a causa em um trauma específico e poderia então usar a terapia para lidar com o problema.

No entanto, Anna rapidamente percebeu que havia diferenças importantes entre as crianças e os pacientes adultos que seu pai havia tratado, e suas técnicas tiveram de mudar continuamente. Enquanto os pacientes de Sigmund Freud eram adultos autoconfiantes, Anna Freud lidava com crianças para quem a principal parte da vida envolvia a presença dos pais. Freud percebeu a importância dos pais logo no início; assim, um aspecto essencial da terapia infantil incluía os pais assumirem um papel ativo no processo da terapia. Por exemplo, os pais são geralmente informados sobre o que exatamente acontece durante a terapia para que consigam aplicar as técnicas da terapia na vida cotidiana.

Anna Freud também percebeu como a brincadeira infantil poderia ser útil na terapia. As crianças poderiam usar o jogo como um meio para adaptar a realidade ou enfrentar os problemas, e poderiam falar livremente durante a terapia. Embora a brincadeira pudesse ajudar um terapeuta a identificar um trauma infantil e tratá-lo, ela não revelava muito da mente inconsciente porque, ao contrário dos adultos, as crianças não aprenderam a encobrir e reprimir acontecimentos e emoções. Quando uma criança diz algo, ela quer dizer exatamente aquilo!

Embora possa ter iniciado sua carreira sob a sombra do pai, Anna Freud provou que ela também era um recurso extremamente valioso para o campo da psicologia. Suas contribuições para o trabalho do pai sobre mecanismos de defesa e, acima de tudo, a criação da psicanálise infantil, ainda são extremamente importantes e influentes, e grande parte do que entendemos sobre psicologia infantil vem de seu trabalho.

LAWRENCE KOHLBERG (1927-1987)
Dilema moral

Lawrence Kohlberg nasceu de uma família rica em Bronxville, Nova York, em 25 de outubro de 1927. Quando a Segunda Guerra Mundial eclodiu, Kohlberg alistou-se como marinheiro da marinha mercante — uma decisão que viria a ter grande impacto sobre ele e, por conseguinte, sobre o campo da psicologia.

Como marinheiro, Kohlberg trabalhou em um navio de carga e ajudou a transportar clandestinamente judeus refugiados, atravessando um bloqueio britânico localizado na Palestina. Esta seria a primeira vez que Kohlberg se interessaria pelo raciocínio moral e, mais tarde na vida, retornaria à região que hoje é Israel para estudar mais sobre o raciocínio moral de crianças criadas em *kibutz* (comunidade agrícola em Israel baseada em princípios coletivistas). Ao retornar da guerra, matriculou-se na Universidade de Chicago e estudou psicologia. Kohlberg teve notas tão altas em seus testes de admissão, que não precisou fazer muitos dos cursos exigidos, diplomando-se em psicologia em um ano. Em seguida, obteve o doutorado, em 1958. Em 1967, Kohlberg atuou como professor de educação e psicologia social na Universidade Harvard e ficou amplamente conhecido e respeitado com a criação de sua teoria dos "estágios de desenvolvimento moral".

Em 1971, Kohlberg estava trabalhando em Belize quando contraiu uma infecção parasitária. Em função da doença, passou os dezesseis anos seguintes lutando contra a depressão e uma dor debilitante contínua. Em 19 de janeiro de 1987, Kohlberg solicitou um dia de licença do hospital em que vinha sendo submetido a um tratamento. Depois de sair do hospital, afogou-se no Porto de Boston. Ele estava com 59 anos.

ESTÁGIOS DE DESENVOLVIMENTO MORAL

A teoria de Kohlberg sobre os estágios de desenvolvimento moral foi uma modificação do trabalho realizado por Jean Piaget, o psicólogo suíço. Enquanto Piaget descrevia o desenvolvimento moral como um processo em dois estágios, Kohlberg identificava seis estágios dentro de três níveis. Ele propôs que o desenvolvimento moral era um processo que continuava durante toda a vida de uma pessoa. Para isolar e descrever esses estágios, Kohlberg apresentava uma série de dilemas morais difíceis para grupos de crianças de diferentes idades. Em seguida, ele as entrevistava para descobrir o raciocínio por trás de cada uma das decisões e para analisar como o raciocínio moral mudava à medida que as crianças ficavam mais velhas.

O Dilema Heinz

No Dilema Heinz, Kohlberg contava às crianças uma história sobre uma mulher na Europa que estava à beira da morte porque tinha um tipo específico de câncer. Os médicos acreditavam que existia um medicamento que poderia salvá-la: uma forma de rádio recentemente descoberta por um farmacêutico da mesma cidade. Embora fosse caro produzir o medicamento, o farmacêutico cobrava dez vezes mais para vendê-lo. Ele pagava 200 dólares e cobrava 2 mil dólares por uma pequena dose. Heinz, o marido da mulher doente, tentou pedir dinheiro emprestado de todas as pessoas que conhecia, mas só conseguiu obter mil dólares — metade do que o farmacêutico estava cobrando. Heinz conta ao farmacêutico que a sua mulher está morrendo e pergunta se ele está disposto a vender por um preço menor ou permitir que Heinz pague o restante depois, mas o farmacêutico recusa, dizendo que descobriu o medicamento e que vai ganhar dinheiro com isso. Heinz, desesperado, invade a loja do farmacêutico e rouba o medicamento para sua mulher. Kohlberg, então, pergunta: "O marido deveria ter feito isso?".

As repostas para os dilemas não eram tão importantes para Kohlberg quanto o raciocínio por trás das decisões. Com base em sua pesquisa, as respostas das crianças eram classificadas em três níveis e seis estágios.

Nível 1: Moralidade pré-convencional
- **Estágio 1:** Obediência e punição
Nesse estágio as crianças veem as regras como absolutas. Obedecer às regras significa evitar punição. Esse estágio de desenvolvimento moral é especialmente comum em crianças mais novas, embora os adultos também possam expressar esse raciocínio.
- **Estágio 2:** Individualismo e troca
Nesse estágio, as crianças começam considerar pontos de vista individuais e a julgar as ações com base na forma como as necessidades do indivíduo são atendidas. No caso do dilema de Heinz, as crianças

argumentavam que a opção que atendia melhor às necessidades de Heinz era o melhor curso de ação.

Nível 2: Moralidade convencional
- **Estágio 3:** Relações interpessoais
Nesse estágio, o foco das crianças está em viver de acordo com as expectativas estabelecidas pela sociedade ou pelas pessoas próximas a elas. Em outras palavras, é importante ser bom e legal. Por esse motivo, isso também é conhecido como orientação "bom menino — boa menina".
- **Estágio 4:** Manutenção da ordem social
Nesse estágio, a sociedade como um todo é levada em consideração. Isso significa que há um foco em seguir as regras para manter a lei e a ordem — mesmo em situações extremas —, respeitando a autoridade e cumprindo um dever com o qual se concordou.

Nível 3: Moralidade pós-convencional
- **Estágio 5:** Contrato social e direitos individuais
Nesse estágio, já foi compreendido que as pessoas têm diferentes crenças, opiniões e valores e que, para manter a sociedade, as regras da lei devem se basear em padrões que foram objeto de acordo.
- **Estágio 6**: Princípios universais
O estágio final baseia-se em seguir os princípios internos de justiça e ética, mesmo que isso signifique ir contra o que as regras e as leis estabelecem.

É importante observar que Kohlberg acreditava que só era possível passar por esses estágios nessa ordem e que nem todas as pessoas alcançavam todos esses estágios.

CRÍTICAS AOS ESTÁGIOS DE DESENVOLVIMENTO MORAL

Embora extremamente importante e influente, o modelo de Kohlberg tem enfrentado críticas. Argumenta-se que o trabalho de Kohlberg reflete um viés masculino (ele afirmava que a maioria dos homens estava no estágio 4 e que a maioria das mulheres estava no estágio 3), que existe uma diferença importante entre o que uma pessoa diz que deveria fazer e o que ela realmente acaba fazendo, e que Kohlberg se preocupava exclusivamente com a justiça, desconsiderando aspectos como compaixão e carinho. Até mesmo a forma como Kohlberg realizou seu experimento foi posta em discussão, por ele ter entrevistado diferentes crianças de diversas idades, em vez de entrevistar as mesmas crianças ao longo de um período maior de tempo. Independentemente disso, o trabalho de Kohlberg sobre moralidade ainda é extremamente influente, e as ideias que ele estabeleceu são geralmente aplicadas no campo da educação e são utilizadas para entender o comportamento das crianças.

STANLEY MILGRAM (1933-1984)
Um psicólogo verdadeiramente chocante

Stanley Milgram nasceu em 13 de agosto de 1933, de uma família judia, na cidade de Nova York. Seu pai era um padeiro húngaro e sua mãe romena assumiu a padaria após a morte do marido em 1953. Milgram sempre se destacou nos estudos e enquanto cursava a James Monroe High School, participou ativamente das produções teatrais da escola. Essa bagagem nos palcos se mostraria influente para Milgram, que utilizou esses conhecimentos mais tarde na criação dos experimentos realistas pelos quais ele é agora mais famoso.

Em 1953, após se formar pela Queens College, Nova York, com um grau de bacharel em Ciências Políticas, Milgram entrou na Universidade Harvard para seu doutorado em psicologia social. Embora inicialmente rejeitado por não ter formação acadêmica na área, Milgram foi finalmente aceito em Harvard em 1954 e concluiu seu Ph.D. em psicologia social em 1960.

Em sua carreira profissional, Milgram teve um forte foco em questões sociais. De 1959 a 1960, estudou sob a orientação do psicólogo Solomon Asch, que era conhecido por seus experimentos perturbadores sobre conformidade social. Em 1961, Milgram começaria seu famoso estudo sobre obediência, que ainda é um dos experimentos psicológicos mais célebres e influentes já realizados.

No outono de 1960, Milgram trabalhou como professor adjunto em Yale, e de 1963 a 1966 foi professor adjunto no Departamento de Relações Sociais de Harvard. Em 1967, tornou-se professor em Harvard; no entanto, foi-lhe negado o cargo, provavelmente em função de seu controverso Experimento Milgram. Naquele mesmo ano tornou-se professor titular no Graduate Center da Universidade da Cidade de Nova York. Em 20 de dezembro de 1984, Stanley Milgram sofreu um ataque cardíaco e morreu na cidade de Nova York. Ele estava com 51 anos.

ESTUDO DE OBEDIÊNCIA DE MILGRAM

Stanley Milgram é talvez mais conhecido por seu famoso, ainda que extremamente controverso, experimento sobre obediência. Milgram era fascinado pelo efeito que a autoridade tinha sobre a obediência e acreditava que as pessoas quase sempre obedeceriam às ordens por desejo de parecer cooperativo ou por medo, mesmo que isso significasse ir contra seu melhor juízo ou seus desejos.

O experimento de Milgram na história

Milgram começou seu experimento sobre obediência em 1961. Pouco tempo antes, o mundo todo havia acompanhado com atenção o julgamento do criminoso de guerra nazista Adolf Eichmann, que, entre outras coisas, foi acusado de ordenar a morte de milhões de judeus. A defesa de Eichmann no caso foi de que ele estava apenas seguindo ordens.

Milgram conduziu o experimento na Universidade Yale, onde recrutou quarenta homens por meio de anúncios em jornais. Os participantes eram informados (falsamente) que o estudo pretendia investigar a memória e o aprendizado. Os pesquisadores lhes diziam que uma pessoa assumiria o papel de professor e outra, o papel de aluno, e que esses papéis seriam escolhidos aleatoriamente. Cada participante pegava um pedaço de papel de forma supostamente aleatória. Na realidade, porém, em todos os papéis vinha escrito "professor". Os únicos "alunos" eram atores cúmplices de Milgram. Assim, todos os participantes, sem o saber, receberam intencionalmente o papel de professor, embora acreditando se tratar de uma atribuição aleatória.

EXPERIMENTO EXPERIMENTO DE MILGRAM

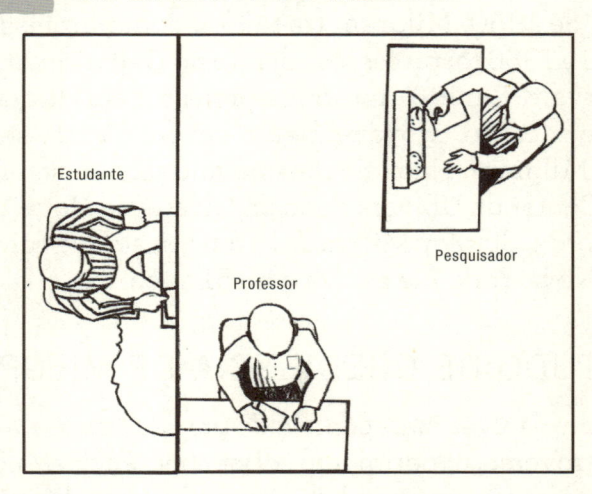

UMA VISUALIZAÇÃO DO EXPERIMENTO DE MILGRAM

1. Cada participante "professor" formava um par com um "aluno" cúmplice. O professor observa enquanto o aluno é amarrado a uma cadeira pelos assistentes de laboratório e tem eletrodos ligados a ele.
2. Em seguida, o professor é encaminhado a uma sala em separado onde ainda pode se comunicar com o aluno, mas eles não conseguem ver um ao outro. O professor é colocado diante de um "gerador de choque" que começa em 30 volts e aumenta — com incrementos de 15 volts — até 450 volts. As chaves possuem etiquetas com a indicação de "Moderado", de 75-120 volts; "Forte", de 135-180 volts; "Perigo: Choque Severo", de 375-420 volts; e os dois níveis maiores são rotulados como "XXX". O "gerador de choque" não produz choques reais, mas faz um barulho quando as chaves são acionadas.
3. O professor é informado de que ensinará pares de palavras ao aluno e que, se o aluno cometer um erro, ele irá puni-lo com a aplicação de um choque. Para cada erro cometido, o professor deve aplicar um choque 15 volts mais elevado que o último. Para mostrar que o experimento é real, o professor recebe um choque de 15 volts. Este é o único choque verdadeiro aplicado em todo o teste.
4. O emparelhamento de palavras se inicia e o aluno acaba cometendo erros planejados. A cada erro, o professor aumenta a voltagem do choque que aplica ao aluno. Quando os choques falsos alcançam 75 volts, o "aluno" começa a grunhir. Com 120 volts, o aluno reclama que os choques estão doendo. Com 150 volts, o aluno grita que quer sair. O aluno, então, implora cada vez mais à medida que os choques são "aplicados" e reclama que sofre de uma doença cardíaca.
5. Se em algum momento o professor questiona o processo, o pesquisador lhe diz coisas como "Por favor, continue", "É absolutamente essencial que você continue", "O experimento requer que você continue", ou "Você não tem opção, tem de seguir em frente".
6. Com 300 volts, o aluno bate nas paredes e exclama que não consegue suportar a dor. Com 330 volts o aluno permanece quieto. O pesquisador informa ao professor que a falta de resposta é uma resposta errada e que ele tem de administrar um choque no aluno.
7. O experimento termina quando o nível mais elevado no gerador de choque é alcançado.

CONCLUSÕES DE MILGRAM

Milgram pediu que um grupo de alunos de Yale fizesse uma previsão de quantas pessoas acreditavam que aplicariam o nível máximo de choque, e eles estimaram que 3 a cada 100 o fariam. Surpreendentemente, Milgram constatou que 65% dos participantes em seu estudo aplicaram níveis de choque de 450 volts! Embora as pessoas efetivamente tivessem mostrado sinais de uma luta interna por meio de gemidos, risadas nervosas e tremores, a maior parte obedeceu ao pedido do pesquisador de continuar com o experimento. Quando entrevistados depois, Milgram pedia aos participantes para classificarem quão doloroso achavam que realmente tinham sido os choques, e a resposta mais comum foi "Extremamente doloroso". Milgram ainda constatou que os participantes — em um esforço para justificar seu comportamento — desvalorizaram o aluno durante o experimento, dizendo que ele era tão burro que realmente merecia o choque. Milgram conseguiu demonstrar que, em determinadas circunstâncias, pessoas comuns consideradas "normais" têm a capacidade de infligir dor intensa e sofrimento. Milgram pôde explicar esses altos níveis de obediência das seguintes formas:

- a obediência aumentou por causa da presença física de uma figura de autoridade (o pesquisador);
- muitos participantes acreditavam que o experimento era seguro por ser patrocinado pela Universidade Yale;
- o processo de seleção de quem seria professor e quem seria aluno parecia aleatório;
- supôs-se que o pesquisador era um especialista competente;
- os participantes foram informados de que os choques eram dolorosos, mas não perigosos.

Preocupações éticas

O estudo sobre obediência de Milgram atraiu fortes críticas com relação ao seu procedimento ético. Os pesquisados envolvidos no estudo foram levados a crer que infligiam dor a outra pessoa quando, na verdade, eram enganados por um ator que fingia estar com dor. O experimento causou grande estresse aos participantes e o fato de acreditarem estar machucando uma pessoa totalmente desconhecida pode tê-los traumatizado.

EXPERIMENTO DO MUNDO PEQUENO

Apesar de ser mais famoso por seu estudo sobre obediência, Milgram também participou de vários experimentos mais benignos. Você já ouviu a expressão "seis graus de separação"? Se já ouviu, pode agradecer a Stanley Milgram por isso.

Na década de 1950, o cientista político Ithiel de Sola Pool e o matemático Manfred Kochen propuseram algumas questões: Qual seria a probabilidade de dois estranhos completos terem um amigo em comum? E se não houvesse um amigo em comum? Qual seria o tamanho da cadeia de conhecidos para um chegar até o outro? Aproximadamente uma década depois, Stanley Milgram conduziu um experimento conhecido como "Experimento do Mundo Pequeno" em um esforço para responder a essas questões.

Milgram deu 300 cartas com instruções para pessoas em Omaha, Nebraska, e Wichita, Kansas, e estabeleceu um "alvo" em Boston, Massachusetts. As 300 pessoas foram orientadas a postar a carta no correio para um amigo que acreditavam estar mais perto do alvo (com o qual tivessem intimidade para chamar pelo primeiro nome), e esse amigo recebia as mesmas instruções, criando uma cadeia. Milgram recebia um postal a cada postagem no correio e registrava a relação entre remetente e destinatário. Milgram descobriu que em quase todos os casos as cadeias tinham aproximadamente cinco ou seis elos que conectavam quaisquer duas pessoas.

Stanley Milgram trouxe uma grande — e talvez assustadora — descoberta para a humanidade de uma forma que muitos nunca tinham visto antes. Enquanto seu controverso (e agora clássico) estudo sobre obediência mostrava um lado bastante negativo sobre o que um indivíduo poderia ser capaz de fazer, seu experimento do mundo pequeno conseguiu mostrar a interconectividade e a proximidade que as pessoas compartilham. Até hoje, seu trabalho ainda é bastante influente e importante, e ele está firmemente estabelecido como um dos psicólogos mais discutidos na história da psicologia e da experimentação.

ALFRED ADLER (1870–1937)
Tudo se resume ao indivíduo

Alfred Adler nasceu em 7 de fevereiro de 1870, em Viena, na Áustria, em uma família judia de um comerciante de grãos. Adler sofria de raquitismo quando criança e por causa disso não aprendeu a andar até os 4 anos. Aos 5, contraiu pneumonia e quase morreu. Suas experiências logo cedo com doenças despertaram interesse na medicina e o inspiraram a seguir carreira como médico.

Depois de se formar na escola trabalhou como oftalmologista e acabou mudando para clínica geral. Adler montou seu consultório em uma parte mais pobre de Viena, onde do outro lado da rua havia um parque de diversão e um circo. Em função disso, a maior parte dos clientes que atendia eram artistas de circo. Estudando os pontos fortes e fracos incomuns dessas pessoas, Adler começou a criar sua teoria de inferioridade dos órgãos, na qual postulava que alguém com um defeito específico de natureza física apresenta sentimentos de carência ou inferioridade por causa dessa deficiência e tenta compensar a fraqueza. Mais tarde, essas ideias teriam grande impacto em alguns de seus mais importantes trabalhos em psicologia.

Com o tempo, Adler começou a se afastar da oftalmologia na direção da psicologia. Em 1907 foi convidado a participar de grupos de discussão liderados por Sigmund Freud. Essas reuniões acabariam por se transformar na Sociedade Psicanalítica de Viena e Freud nomearia Adler presidente e coeditor do boletim informativo da organização.

Embora fosse presidente, Adler não se furtava de manifestar sua discordância em relação a várias teorias de Freud. No final, houve uma discussão entre os partidários de Freud e os partidários de Adler, que, com mais nove outros membros, demitiu-se da Sociedade Psicanalítica de Viena. Eles formariam a Sociedade para a Psicanálise Livre em 1911, que um ano mais tarde se tornaria a Sociedade de Psicologia Individual.

Ainda que Adler tivesse desempenhado um papel importante no desenvolvimento da psicanálise com Freud, ele foi um dos primeiros a romper com a escola de pensamento e criar a própria, que ele chamou de Psicologia Individual. Uma das ideias mais influentes produzidas por essa escola de pensamento foi o conceito de complexo de inferioridade, que sugeria que a personalidade e o comportamento eram o resultado do trabalho das pessoas para superar um sentimento inerente de inferioridade.

Quando eclodiu a Primeira Guerra Mundial, Adler trabalhou como médico na frente russa e, em seguida, em um hospital infantil. Durante a Segunda Guerra Mundial, apesar de Adler ter se convertido ao cristianismo, os nazistas fecharam suas clínicas em função de sua herança judaica; Adler foi aos Estados Unidos e aceitou um cargo de professor na Faculdade de Medicina de Long Island. Em 28 de maio de 1937, durante uma turnê de palestras, Alfred Adler teve um grave ataque cardíaco e morreu. Suas contribuições para o campo da psicologia, no entanto, resistiram por muito tempo depois de sua morte repentina e moldaram grande parte do pensamento psicológico do meio século seguinte.

PSICOLOGIA INDIVIDUAL

Enquanto Freud acreditava que havia fatores biológicos universais que faziam a pessoa se comportar de determinadas maneiras, Adler acreditava que os comportamentos se baseavam nas experiências individuais e em fatores ambientais e sociais. A personalidade era determinada pelo confronto de forças sociais, profissionais e relacionadas com o amor.

Em essência, Adler acreditava que cada pessoa era única e que nenhuma das teorias anteriores poderia ser aplicada a todo mundo. Foi por esse motivo que Adler chamou sua teoria de "Psicologia Individual". A teoria de Adler é extremamente complexa, pois abrange ampla variedade de temas psicológicos; no entanto, seu princípio central é bastante simples, pois segue uma única ideia: lutar pelo sucesso ou pela superioridade.

LUTAR PELO SUCESSO OU PELA SUPERIORIDADE

Adler acreditava firmemente que as forças motrizes por trás das ações de uma pessoa eram o desejo de ganho pessoal, que ele chamou de superioridade, e o interesse pelo bem comum, que ele chamou de sucesso. Em decorrência do fato de que todas as pessoas nascem com um corpo pequeno, delicado e inferior, desenvolvemos um sentimento de inferioridade e tentamos superar esse sentimento. As pessoas que lutam pela superioridade preocupam-se pouco com os outros e só estão centradas no benefício pessoal; portanto, não são psicologicamente saudáveis. As pessoas que lutam pelo sucesso fazem-no para toda a humanidade sem perder sua identidade e, portanto, são psicologicamente saudáveis.

> **Definições Médicas**
>
> **COMPLEXO DE INFERIORIDADE:** um sentimento total ou parcialmente inconsciente de inferioridade, ou sentimentos de falta de valor. A compensação excessiva desses sentimentos pode levar a sintomas neuróticos.
>
> **COMPLEXO DE SUPERIORIDADE:** supressão de sentimentos que existem em uma tentativa de superar um complexo de inferioridade.

De acordo com Adler, os traços de personalidade de um indivíduo são derivados dos seguintes fatores:

1. **Compensação:** quando uma pessoa sofre de uma desvantagem, ela se sente inferior aos outros e tem como objetivo pôr um fim nessas desvantagens. As pessoas que conseguem fazê-lo se tornam um sucesso em termos individuais e sociais.
2. **Resignação:** acontece quando as pessoas se rendem às suas desvantagens e se contentam com elas. Isso ocorre com a maioria das pessoas.
3. **Excesso de compensação:** ocorre quando uma pessoa fica empolgada com a ideia de compensar suas deficiências ou desvantagens e exagera em sua luta pelo sucesso. Adler afirmava que essas pessoas eram neuróticas.

Alfred Adler apresentou ao mundo ideias que eram radicalmente diferentes das de Sigmund Freud, colocando o enfoque na singularidade do indivíduo, em vez de simplesmente se concentrar em um conjunto de fatores biológicos universais como Freud. Ao se diferenciar de Freud e seus contemporâneos, ele ofereceu uma visão alternativa sobre o desenvolvimento psicológico, principalmente em crianças, e estabeleceu princípios que ainda hoje são considerados o embasamento de interpretações modernas da psicologia.

TEORIAS BÁSICAS SOBRE GRUPOS
O que acontece quando as pessoas se reúnem

Embora uma pessoa possa não perceber, os grupos têm um efeito muito poderoso e expressivo sobre o comportamento humano. Todas as pessoas agem de maneira diferente ao redor de outras pessoas em comparação a quando estão sozinhas.

FACILITAÇÃO SOCIAL

A teoria mais elementar no que diz respeito à psicologia social é que, quando uma pessoa está sozinha, ela fica mais relaxada e não se preocupa com a forma como seu comportamento pode ser visto. Ao acrescentar apenas mais uma pessoa à equação, os comportamentos começam a mudar e as pessoas se tornam mais conscientes do que está acontecendo ao redor. Assim, estudos têm demonstrado que uma pessoa consegue realizar tarefas simples ou bem aprendidas com um nível de desempenho superior. Entretanto, ao tentar realizar algo novo ou difícil perto de outra pessoa, o nível de desempenho cai. Isso é conhecido como facilitação social: por causa da presença de outras pessoas nos esforçamos mais e nosso nível de desempenho realmente diminui em tarefas novas ou difíceis.

Tome o basquete como exemplo. Caso esteja apenas começando a aprender a jogar, você se sentirá mais relaxado praticando sozinho do que praticando perto de outras pessoas, porque a presença de outros o fará se sentir mais consciente de si mesmo e cometer mais erros. No entanto, caso seja um jogador profissional de basquete, você já estará qualificado na tarefa e a presença de outras pessoas o tornará melhor, pois se esforçará para demonstrar a sua capacidade.

QUANDO GRUPOS TOMAM DECISÕES

Quando grupos tomam decisões, uma de duas coisas geralmente acontece: "pensamento de grupo" ou "polarização de grupo".

Pensamento de grupo

Quando um grupo concorda com a maioria das questões, há uma tendência de sufocar qualquer dissidência. O grupo busca a harmonia. Se todo mundo concorda e está contente, as pessoas não gostam de ouvir os argumentos contrários. O pensamento de grupo pode ser desastroso, pois conduz a uma incapacidade em ouvir ou identificar todos os lados de uma discussão e pode resultar em decisões impulsivas. Os exemplos de pensamento de grupo que levam a consequências ruins incluem tumultos de massa e linchamentos. Para combater o pensamento de grupo deve-se estimular uma dissidência autêntica.

Polarização de grupo

Ocorre quando um grupo começa a gerar posições extremadas que são alimentadas pelo próprio grupo, o que não teria ocorrido se qualquer um dos indivíduos estivesse sozinho. Por exemplo, no início de um processo de tomada de decisão, talvez os membros do grupo fossem apenas um pouco contrários a algum tema. Ao final da discussão, porém, todo o grupo está agora radicalmente contra determinado assunto e levou sua oposição a um grau extremo. Para reduzir a polarização de grupo, deve-se evitar a homogeneidade.

EFEITO ESPECTADOR

O efeito espectador é talvez o fenômeno mais trágico que acontece dentro de grupos. Constatou-se que, quando um grupo fica maior, a motivação interna para ajudar outras pessoas em dificuldade realmente diminui. Embora isso seja semelhante à lei do mínimo esforço quando em grupo, o efeito espectador ocorre porque as pessoas passam a ser seguidoras e só ajudam outra em dificuldade se virem mais alguém tomar a iniciativa. Nota: esse é um fenômeno estritamente de grupo. Se não houver mais ninguém presente exceto uma pessoa e a vítima, aquele indivíduo geralmente ajudará a vítima.

Um dos exemplos mais famosos do efeito espectador

Em 13 de março de 1964, às 3h20 da madrugada, Catherine "Kitty" Genovese, com 28 anos, estava chegando em casa do trabalho e foi abordada por um homem na entrada do apartamento. O homem atacou-a e esfaqueou-a. Ela insistentemente pediu ajuda, mas nenhuma das quase quarenta testemunhas que ouviram seus gritos de socorro e viram o desenrolar dos acontecimentos chamou a polícia. Todas acharam que outra pessoa já havia feito isso. Somente às 3h50 é que a polícia foi finalmente avisada.

REGRAS DE GRUPOS

Não importa qual seja o tipo de grupo, uma banda, um grupo de amigos, uma reunião de trabalho, uma equipe esportiva ou outro, todos compartilham processos psicológicos semelhantes e seguem determinadas regras.

1. **Os grupos podem surgir de praticamente nada:** os grupos contribuem para o nosso sentimento de identidade; por isso, está em nossa natureza querer formar e montar grupos.
2. **Em geral, há algum tipo de rito de iniciação:** se alguém entra em um grupo já existente, normalmente há algum tipo de rito de iniciação. Esse rito pode ser intelectual, monetário, físico ou baseado em experiências semelhantes. Os grupos desejam testar os indivíduos que entram e querem que a associação seja valorizada.
3. **Os grupos criam a conformidade às regras:** os grupos possuem determinadas normas que os membros seguem e que podem interferir no comportamento de um indivíduo, fazendo-o ir contra o próprio julgamento (para um dos maiores exemplos, veja o Estudo de Conformidade de Asch).
4. **Você deve aprender as normas do grupo:** se você quebrar as regras estabelecidas pelo grupo, os outros membros certamente se certificarão de que você saiba disso.
5. **As pessoas assumem papéis dentro dos grupos:** embora existam regras que se aplicam a todos dentro de um grupo, os indivíduos também começarão a assumir papéis específicos e seguir um conjunto de regras associadas a essas funções.
6. **Na maioria das vezes, os líderes surgem lentamente do grupo:** embora os líderes possam ser nomeados e impostos, na maioria das vezes surgem primeiramente obedecendo às regras do grupo e, em seguida, após ganhar a confiança, tornando-se mais seguros e, por fim, com os demais seguindo-os.

7. **Os grupos geram um desempenho melhor:** a presença de outras pessoas pode fazer com que um indivíduo tenha um desempenho melhor. Isso é mais provável quando a tarefa em questão é feita em separado das tarefas de outras pessoas e o indivíduo pode então ser julgado por seus próprios méritos.
8. **Haverá boatos e na maior parte das vezes eles serão verdadeiros:** em 1985 foi feito um estudo em um ambiente de trabalho e constatou-se que as pessoas geravam boatos e faziam fofocas durante 80% do tempo e que uma porcentagem surpreendente de 80% dessa informação era verdadeira. Outros estudos mostraram resultados muito semelhantes.
9. **Os grupos geram competição:** as pessoas em grupos podem ficar desconfiadas e cautelosas em relação às de grupos rivais. Isso cria um tipo de situação "nós contra eles" e, mesmo que um indivíduo de um grupo rival seja considerado cooperativo, o grupo como um todo é considerado indigno de confiança ou ruim.

Os grupos desempenham um papel bastante importante na vida cotidiana e afetam enormemente as decisões que tomamos. Um grupo pode ser desde uma reunião de colegas de trabalho responsáveis por tomar decisões financeiras importantes até um grupo de amigos que decidem onde fazer a próxima refeição. A mera presença de outras pessoas tem um efeito marcante em nosso comportamento. Um grupo pode surgir do nada, fazer alguns terem um desempenho melhor e criar funções e normas que os membros do grupo seguem.

PHILIP ZIMBARDO (1933-)
O homem que criou a prisão

Philip Zimbardo nasceu em 23 de março de 1933, na cidade de Nova York. Em 1954, Zimbardo obteve o diploma de bacharel pela Brooklyn College, onde se formou em psicologia, sociologia e antropologia. Em seguida, estudou em Yale, onde concluiu o mestrado em psicologia em 1955 e o doutorado em psicologia, em 1959.

Após ministrar aulas por um breve período em Yale, Zimbardo assumiu a função de professor de psicologia na Universidade de Nova York até 1967. Em seguida, passou um ano ensinando na Universidade Columbia e, em 1968, tornou-se membro do corpo docente da Universidade Stanford, onde permaneceu até a sua aposentadoria em 2003 (embora sua última aula tenha sido dada em 2007). Foi na Universidade Stanford que o trabalho mais importante e influente de Zimbardo foi realizado, em 1971: o Experimento da Prisão de Stanford.

Embora seja mais conhecido por esse experimento, Zimbardo também realizou pesquisas sobre heroísmo, timidez e comportamento cult, e publicou mais de cinquenta livros. Zimbardo foi eleito presidente da Associação Americana de Psicologia, em 2002, e é o fundador do Projeto Imaginação Heroica (*Heroic Imagination Project*). O objetivo desse projeto é inspirar o comportamento heroico e entender o que faz algumas pessoas terem atos de maldade, e outras, atos de heroísmo.

O EXPERIMENTO DA PRISÃO DE STANFORD

Em 1971, Philip Zimbardo criou um experimento para entender o comportamento abusivo dentro do sistema prisional e estudar como as situações podem afetar o comportamento humano. Ele se colocou a seguinte questão: o que aconteceria se a dignidade e a individualidade fossem retiradas dos indivíduos? O resultado foi o famoso Experimento da Prisão de Stanford, um dos experimentos mais reveladores produzidos no campo da psicologia.

Zimbardo e sua equipe transformaram o porão do departamento de psicologia da Universidade Stanford em uma prisão simulada. Ele publicou anúncios em jornais locais em busca de participantes, oferecendo 15 dólares por dia para um estudo de duas semanas. Dos candidatos que se apresentaram foram escolhidos 24 participantes do sexo masculino considerados emocional e mentalmente saudáveis, e de maioria branca da classe média. Os 24 homens foram então divididos aleatoriamente em dois grupos: doze guardas de prisão e doze prisioneiros. Zimbardo atuaria como diretor da prisão.

Vestido para a ocasião

Os guardas da prisão eram vestidos com uniformes em estilo militar e óculos de sol (para evitar contato visual), e cada um deles recebia bastões de madeira para estabelecer sua posição de autoridade. Os prisioneiros usavam tocas de meia, aventais desconfortáveis, sem roupa de baixo, e só podiam ser identificados por números, não pelo nome. Eles usavam também uma pequena corrente em uma das pernas como lembrete de que estavam presos. Nas celas, só recebiam um colchão e uma alimentação simples.

Antes do início do experimento, os prisioneiros foram orientados a voltar para a casa e esperar novas instruções. Em casa, sem nenhum aviso, seus lares foram invadidos pela polícia local (que concordara em ajudar no experimento) e eles foram acusados de assalto à mão armada. Em seguida ouviram a leitura de seus direitos, tiveram as impressões digitais e fotos do rosto coletadas e foram despidos, revistados, despojados e encaminhados para suas celas, onde passariam as duas semanas seguintes. Havia três prisioneiros em cada cela e lá eram obrigados a ficar dia e noite. Os guardas da prisão, porém, não precisavam permanecer quando o seu turno terminava, e recebiam total liberdade para dirigir a prisão da forma que quisessem, tendo como única exceção o castigo físico.

OS RESULTADOS

O Experimento da Prisão de Stanford foi obrigado a ser interrompido apenas seis dias após o início das duas semanas de estudo. No segundo dia, os prisioneiros na Cela 1 utilizaram seus colchões para bloquear a porta. Guardas de diferentes turnos se ofereceram para trabalhar na repressão do motim e utilizaram extintores de incêndio para conter os prisioneiros. Os guardas decidiram então criar uma "cela privilégio" onde os prisioneiros não envolvidos no motim receberiam uma recompensa especial, ou seja, uma refeição de melhor qualidade. No entanto, os prisioneiros na "cela privilégio" recusaram a comida especial em solidariedade aos outros colegas presos.

Com apenas 36 horas de estudo, um prisioneiro, o de nº 8612, começou a gritar e praguejar loucamente, e ficou tão fora de controle que Zimbardo não viu outra solução se não libertá-lo.

Os guardas da prisão começaram a punir os prisioneiros fazendo-os repetir seus números de identificação, forçando-os a se exercitar e confiscando seus colchões, de modo que não tivessem escolha a não ser dormir no concreto duro e frio. Os guardas transformaram o uso do vaso sanitário em um privilégio e frequentemente negavam o acesso dos prisioneiros ao banheiro, dando-lhes, em vez disso, um balde em suas celas. Também fizeram os prisioneiros limparem o vaso sanitário com as próprias mãos. Em um esforço para humilhar os prisioneiros, alguns foram forçados a ficar completamente nus.

Um terço dos guardas de prisão mostrou tendências sádicas e até mesmo o próprio Zimbardo ficou imerso em seu papel como diretor prisional. No quarto dia surgiram boatos de que o prisioneiro que havia sido solto estaria voltando para libertar os demais. Zimbardo e os guardas mudaram a prisão para outro andar e Zimbardo ficou esperando no porão caso o prisioneiro voltasse, quando lhe diria que o experimento acabara antes do previsto. No entanto, o prisioneiro nunca apareceu e a prisão foi mais uma vez reconstruída no porão.

Quando um novo prisioneiro foi incorporado ao experimento, ele recebeu instruções para iniciar uma greve de fome em resposta ao tratamento dado aos seus colegas de prisão. Em vez de vê-lo como mais uma vítima, os outros prisioneiros consideraram esse novo colega um encrenqueiro. Os guardas da prisão colocaram o novo prisioneiro na solitária e deram uma opção aos demais: eles podiam entregar seus cobertores para que o homem saísse da solitária. Todos, com exceção de apenas um, decidiram manter seus cobertores.

Surpreendentemente, nenhum dos presos quis sair antes, mesmo quando recebiam a informação de que não ganhariam dinheiro por sua participação. Zimbardo concluiu que os prisioneiros haviam internalizado e adotado seus papéis, tornando-se institucionalizados.

Depois de seis dias de experimento, uma estudante de pós-graduação foi levada para entrevistar os prisioneiros e os guardas, e ficou absolutamente chocada com o que viu. Como resultado desse ponto de vista externo, Zimbardo encerrou o experimento. Ele observou que, dos cinquenta visitantes, a estudante foi a única pessoa que questionou a moralidade do experimento.

O Experimento da Prisão de Stanford é um dos experimentos psicológicos mais importantes e polêmicos que já foram realizados. Nos termos do atual Código de Ética da Associação Americana de Psicologia, o experimento não poderia ser replicado porque não atende a muitos dos padrões éticos de hoje. No entanto, Zimbardo demonstrou com sucesso como o comportamento pode ser influenciado pela situação em que a pessoa se encontra, e há inúmeros exemplos da vida real que comprovam seu trabalho, incluindo os maus-tratos de prisioneiros em Abu Ghraib, no Iraque.

SOLOMON ASCH (1907-1996)
O poder da influência social

Solomon Asch nasceu em 14 de setembro de 1907, em Varsóvia, Polônia, em uma família judia. Quando Asch tinha 13 anos, sua família mudou-se para os Estados Unidos para morar no Lower East Side de Manhattan. Asch obteve seu diploma de bacharel na Faculdade da Cidade de Nova York, em 1928. Em seguida, frequentou a Universidade de Columbia, onde estudaria com Max Wertheimer e obteria seu mestrado, em 1930, e seu doutorado, em 1932. Asch tornou-se, então, professor de psicologia na Swarthmore College, onde permaneceu por dezenove anos e trabalhou com o colega psicólogo da Gestalt, Wolfgang Köhler.

Na década de 1950, Asch recebeu ampla atenção por sua pesquisa em psicologia social e suas séries inovadoras de experimentos conhecidos como Experimento de Conformidade de Asch. Esses experimentos ajudaram a colocá-lo no centro das atenções no mundo acadêmico e estabeleceram várias teorias duradouras sobre a influência social.

De 1966 a 1972, Asch foi diretor do Instituto de Estudos Cognitivos da Universidade Rutgers. Foi professor emérito de psicologia na Universidade da Pensilvânia, a partir de 1979, e professor de psicologia, de 1972 a 1979.

Solomon Asch faleceu no dia 20 de fevereiro de 1996. Ele estava com 88 anos.

EXPERIMENTO — EXPERIMENTOS DE CONFORMIDADE DE ASCH

Em 1951, Solomon Asch criou um experimento para entender como as pressões sociais de uma maioria fariam um único indivíduo conformar-se. Os Experimentos de Conformidade de Asch são alguns dos mais famosos experimentos em psicologia, e são incrivelmente fáceis de replicar.

1. Forme um grupo de seis a oito pessoas para participar do estudo. Todos exceto uma das pessoas serão aliados, ou cúmplices, mas essa única pessoa a ser pesquisada não saberá disso. Os cúmplices devem agir como participantes reais.

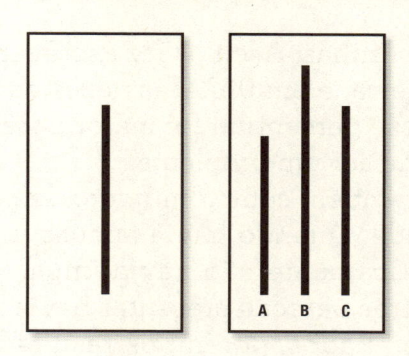

AMOSTRA DE CARTÕES DOS EXPERIMENTOS DE CONFORMIDADE DE ASCH

2. Haverá uma série de dezoito testes visuais simples, em que a resposta deve sempre ser óbvia. Todos os participantes responderão cada pergunta na presença dos demais.
3. Coloque os participantes sentados em fila, com o pesquisado na extremidade, sendo o último ou penúltimo a dar sua resposta.
4. Mostre aos participantes um cartão com uma linha desenhada nele, semelhante ao cartão à esquerda na figura da página anterior. Mostre, então, o cartão da direita, com as três linhas identificadas por A, B e C.
5. Faça cada pessoa dizer em voz alta qual das linhas A, B ou C é mais semelhante à linha da esquerda.
6. As primeiras duas respostas devem ser corretas, para que o pesquisado se sinta confortável.
7. Na terceira resposta, os aliados devem começar a indicar a mesma alternativa errada.
8. Dos dezoito testes, os aliados devem responder doze com a mesma resposta incorreta. Esses doze são os "testes críticos".
9. O objetivo desse experimento é ver se o pesquisado começa a dar a mesma resposta que o resto do grupo, mesmo sendo a resposta errada.

OS RESULTADOS

Por incrível que pareça, Asch constatou que, ao longo dos dezoito testes, 75% dos participantes conformaram-se pelo menos uma vez com a resposta claramente incorreta dada pela maioria do grupo. Depois de filtrar os testes, Asch concluiu que 32% dos participantes conformaram-se. Para ter certeza de que os indivíduos compreenderam com precisão o comprimento das linhas, Asch os fez escrever o que achavam ser a correspondência certa, e em 98% das vezes os participantes assinalaram a correta. Esse percentual foi maior porque a pressão de estar no grupo deixará de ser um problema.

Asch analisou também como o número de pessoas presentes afetava a conformidade. Quando havia apenas uma pessoa junto com o pesquisado, praticamente não havia impacto sobre as respostas dele. Com duas outras pessoas presentes havia um pequeno impacto. Com três ou mais aliados, porém, os resultados eram muito mais significativos.

Quando as linhas de comparação eram mais difíceis de julgar porque seus comprimentos eram muito semelhantes, Asch constatou que a conformidade aumentava. Isso demonstra que, quando as pessoas não têm certeza sobre algo, são mais propensas a recorrer a outras para uma confirmação. Quanto mais difícil for a tarefa, maior a probabilidade de haver conformidade.

Asch também constatou que, se apenas um aliado dava a resposta correta, enquanto o restante dos aliados ainda dava a resposta errada, a conformidade foi extremamente menor (apenas de 5% a 10% dos pesquisados aderiam à resposta errada). Isso mostra que o apoio social pode desempenhar um papel fundamental na luta contra o conformismo.

REFLEXÕES SOBRE A CONFORMIDADE

Ao término do experimento, perguntava-se ao pesquisado por que havia acompanhado o que o restante do grupo respondera. Na maioria das vezes, os pesquisados diziam que sabiam que a resposta estava incorreta, mas que não queriam correr o risco de ser ridicularizados. Outros responderam que realmente acreditaram que o grupo estava dizendo a verdade.

O que o experimento de Asch nos diz sobre a conformidade? A conformidade ocorre por dois motivos principais: porque as pessoas querem se ajustar — isso é conhecido como influência normativa — ou por causa da influência informacional, em que as pessoas acreditam que o grupo deve estar mais informado ou entender mais do assunto do que elas. Ambos os tipos de influência podem exercer grandes impactos sobre os indivíduos dentro de um grupo. Embora muitos psicólogos suspeitassem de que a dinâmica de grupo poderia influenciar a percepção individual, foi somente a partir do famoso experimento de Asch que o mundo finalmente compreendeu como a percepção pode ser alterada pela pressão externa.

JOHN B. WATSON (1878-1958)
Fundador do behaviorismo

John Broadus Watson nasceu em 9 de janeiro de 1878, na Carolina do Sul. Seu pai abandonou a família quando ele tinha apenas 13 anos, forçando-o a viver em uma fazenda em uma situação de pobreza e isolamento. Watson dizia que foi um aluno fraco e rebelde quando criança e que parecia destinado a seguir os passos de seu pai em uma vida governada pela imprudência e pela violência. No entanto, com 16 anos, matriculou-se na Universidade Furman.

Watson se formaria cinco anos mais tarde e mudaria para a Universidade de Chicago para fazer o doutorado em psicologia e filosofia. Em 1903, abandonou a filosofia e recebeu o Ph.D. em psicologia. Em 1908, começou a ministrar aulas na Universidade Johns Hopkins como professor de psicologia experimental e comparativa.

Nessa época, Watson já começava a formatar as ideias sobre o que mais tarde se tornaria um ramo completamente novo na psicologia, o behaviorismo. Inspirado pelo trabalho de Ivan Pavlov, Watson começou a estudar fisiologia, biologia, comportamento animal e o comportamento das crianças. Ele acreditava que as crianças funcionavam com base nos mesmos princípios que os animais, embora fossem seres bem mais complicados. Watson concluiu que todo animal era uma máquina muito complexa que respondia às situações com base em suas "conexões", as vias nervosas que haviam sido condicionadas pela experiência.

Em 1913, Watson deu uma palestra na Universidade Columbia denominada "A psicologia como os behavioristas a veem". Nessa palestra ele defendeu uma radical revisão dos métodos de pesquisa em psicologia, abandonando a introspecção em troca do estudo do comportamento e propugnando que o comportamento fosse avaliado em separado da consciência. Defendeu ainda que a psicologia não fizesse distinções entre comportamento animal e humano e fosse uma ciência natural e objetiva em que se pudessem desenvolver princípios pelos quais o comportamento não somente seria previsto, como também controlado. Além disso, Watson rejeitou a ideia de que a hereditariedade seria um fator importante no comportamento e discordou das ideias estruturais de Sigmund

Freud. Essa palestra foi mais tarde publicada naquele mesmo ano na forma de um artigo na *Psychological Review*, o qual passaria a ser conhecido como o "manifesto behaviorista".

Watson trabalhou na Universidade Johns Hopkins até 1920, quando foi convidado a demitir-se por causa de um caso que vinha mantendo com sua pesquisadora associada. Em 1924, com sua riqueza de conhecimento em comportamento humano e psicologia, Watson entrou para o ramo da publicidade e tornou-se vice-presidente de uma das maiores agências dos Estados Unidos, a J. Walter Thompson.

Watson passou os últimos cinco anos da vida recluso em uma fazenda em Connecticut, e seu já problemático relacionamento com os filhos ficou ainda pior. Pouco antes de morrer, Watson queimou muitas de suas cartas e artigos inéditos. Morreu em 25 de setembro de 1958.

Behaviorismo

No behaviorismo, acredita-se que uma pessoa seja passiva e que simplesmente responda aos estímulos do ambiente por meio do condicionamento (tanto clássico quanto operante). Em essência, um indivíduo é uma "tábula rasa" e seu comportamento é o resultado de reforço positivo ou negativo. Como o comportamento pode ser observado, é muito mais fácil coletar e quantificar dados. Embora o behaviorismo não seja mais tão popular quanto havia sido em meados do século XX, sua influência ainda pode ser encontrada nos métodos de educação pelos pais, nos métodos de ensino, no adestramento de animais e na mudança de práticas de pessoas que são nocivas ou desajustadas.

O EXPERIMENTO DO PEQUENO ALBERT

John B. Watson ficou muito interessado pelo experimento de Ivan Pavlov com cães e condicionamento e quis ver se conseguiria levar o condicionamento comportamental um passo adiante condicionando de forma clássica as reações emocionais em pessoas.

O participante do experimento foi um bebê de aproximadamente nove meses a quem Watson chamou de "Albert B.", mas que agora é comumente chamado de Pequeno Albert. Watson e sua pesquisadora assistente, Rosalie Raynor — com quem viria a ter um caso —, expuseram o bebê a vários estímulos e registraram suas reações. Os estímulos eram um coelho, um macaco, um rato branco, jornais queimados e máscaras. De início, a criança não demonstrou absolutamente nenhum medo a qualquer um dos estímulos.

Na vez seguinte em que expôs a criança ao rato branco, Watson utilizou simultaneamente um martelo e bateu em um tubo de metal, gerando um ruído extremamente elevado. O bebê começou a chorar com o barulho. Watson repetiu, então, a simultaneidade entre o ruído elevado e o rato branco. No final, o bebê começou a chorar só de ver o rato branco, sem nenhum barulho simultâneo.

- o estímulo neutro foi o rato branco;
- o estímulo incondicionado foi o ruído elevado criado pelo martelo ao bater no tubo de metal;
- a resposta incondicionada foi o medo;
- o estímulo condicionado foi o rato branco;
- a resposta condicionada foi o medo.

Do mesmo modo que com Pavlov, Watson mostrou que é possível criar uma resposta condicionada a um estímulo neutro, embora no caso de Watson a resposta condicionada ocorresse em um ser humano e fosse uma resposta emocional, não meramente fisiológica. Além disso, Watson observou também uma nova reação de medo do Pequeno Albert a todos os objetos brancos, o que veio a ser conhecido como generalização do estímulo.

Depois do condicionamento, por exemplo, o bebê no experimento do Pequeno Albert passou a ficar com medo não apenas quando via o rato branco, mas também diante de uma variedade de objetos brancos, desde um casaco de pele branco até a barba do Papai Noel.

Definições Médicas

GENERALIZAÇÃO DE ESTÍMULO: quando um paciente responde a estímulos que são semelhantes ao estímulo condicionado original, mas não idênticos.

CRÍTICAS DO EXPERIMENTO

Embora representasse um marco na psicologia, o experimento do Pequeno Albert de Watson foi criticado por vários motivos. As reações do bebê não foram avaliadas objetivamente, e sim apenas por meio de interpretações subjetivas de Watson e Raynor, e o experimento levanta muitas questões éticas. Hoje, caso alguém tentasse fazer esse experimento, seria considerado antiético pela Associação Americana de Psicologia porque provoca o medo em uma pessoa e isso somente seria ético se a pessoa concordasse em participar do estudo ciente de antemão de que o medo seria provocado de propósito como parte do experimento. Independentemente disso, os psicólogos behavioristas conseguiram extrair muitas ideias importantes de Watson e dos resultados do experimento do Pequeno Albert, que continuaram a moldar o campo da psicologia.

HERMANN RORSCHACH (1884-1922)
Personalidade através de borrões de tinta

Hermann Rorschach nasceu em 8 de novembro de 1884, em Zurique, na Suíça, e foi o filho mais velho de um artista fracassado que ganhava a vida como professor de arte. Mesmo quando criança, Rorschach era fascinado por manchas de tinta (provavelmente em função dos esforços artísticos de seu pai e da própria paixão pela arte), e no ensino médio recebeu o apelido de "Klex", que literalmente significava "borrão de tinta". Quando Rorschach estava com 12 anos, sua mãe morreu, e com 18 anos, o pai.

Após o ensino médio, em que se formou com louvor, Rorschach foi para a faculdade a fim de obter um diploma de medicina. Em 1912, fez seu mestrado pela Universidade de Zurique e começou a trabalhar em várias instituições para portadores de doenças mentais.

Em 1911, enquanto estudava na Universidade de Zurique, Rorschach realizou experimentos em alunos do primário utilizando borrões de tinta para observar se as crianças mais dotadas artisticamente também eram mais imaginativas quando se tratava de suas interpretações dos borrões. Além de causar um grande impacto nos estudos de Rorschach, isso também viria a afetar todo o campo da psicologia. Embora ele não tivesse sido o primeiro a incorporar borrões de tinta em seu trabalho, o experimento representou a primeira vez que os borrões de tinta foram utilizados de forma significativa em uma abordagem analítica. Os resultados do experimento se perderam, mas nos dez anos seguintes Rorschach conduziu pesquisas em um esforço de criar um método consistente que levasse à compreensão dos traços de personalidade usando simplesmente manchas de tinta.

Como estava empregado em um hospital psiquiátrico, Rorschach tinha fácil acesso aos pacientes. Utilizando também indivíduos mental e emocionalmente estáveis e saudáveis, Rorschach conseguiu criar um teste sistemático com borrões de tinta que pudesse analisar uma pessoa e dar resultados significativos sobre seus traços de personalidade.

Em 1921, Rorschach divulgou seu trabalho com a publicação de seu livro, *Psychodiagnostik*. No livro, Rorschach trata também de suas teorias da personalidade. Um de seus principais argumentos é o de que todas as pessoas possuem uma mistura de personalidades introversiva e extratensiva — motivadas por influências internas e externas. Rorschach acreditava que por meio do teste dos borrões de tinta a quantidade relativa desses traços de personalidade poderia ser medida, o que poderia ajudar a revelar quaisquer anormalidades mentais ou pontos fortes.

Quando publicado pela primeira vez, o livro foi amplamente ignorado pela comunidade psiquiátrica porque a crença comum na época era de que a personalidade não poderia ser medida ou testada. Em 1922, os psiquiatras começaram a ver as vantagens do teste de Rorschach, e ele discutiu o aprimoramento do teste em uma reunião da Sociedade de Psicanalítica. Em 1º de abril de 1922, após uma semana sofrendo de dores abdominais, Rorschach foi internado no hospital com apendicite. Em 2 de abril de 1922, Hermann Rorschach morreu. Ele tinha apenas 37 anos e nunca chegou a ver o sucesso de seu teste do borrão de tinta.

OS BORRÕES DE TINTA DE RORSCHACH

O teste Rorschach é composto por um total de dez borrões de tinta: cinco são de tinta preta, dois de tinta vermelha e preta e três multicoloridos. Um psicólogo apresenta cada cartão em uma ordem muito específica e então pergunta ao paciente: "O que poderia ser isto?". Depois de o paciente ver todos os borrões de tinta e expressar seus pensamentos, o psicólogo mostra então novamente todos os borrões de tinta, um de cada vez. O paciente é orientado a listar tudo o que vê, onde o vê e o que no borrão de tinta o faz afirmar o que diz. O borrão de tinta pode ser girado, inclinado, virado de cabeça para baixo ou manipulado de qualquer forma que se queira. O psicólogo deve registrar tudo o que o paciente diz e faz, assim como o tempo de cada uma das respostas. As repostas são então analisadas e pontuadas. Por meio de uma série de cálculos matemáticos, um resumo dos dados do teste é produzido e interpretado utilizando dados empíricos.

Se você não expressa nenhuma reação inicial ou se parece não conseguir descrever o cartão para o qual está olhando, pode significar que há um bloqueio no assunto representado pelo cartão, ou o cartão lida com um tema que você não quer enfrentar naquele momento.

Cartão 1

O primeiro cartão é feito apenas de tinta preta. Como é o primeiro que a pessoa vê, pode dar uma ideia sobre como o paciente enfrenta uma tarefa que é nova e estressante. As pessoas geralmente descrevem esse cartão como parecendo um morcego, uma mariposa, uma borboleta ou a face de algum tipo de animal, como um elefante ou um coelho. Em geral, o cartão reflete a pessoa.

- Embora um morcego possa significar algo impuro ou demoníaco para alguns, para outros pode significar navegar através da escuridão e do renascimento.
- As borboletas podem simbolizar transição, transformação, ou então a capacidade de crescer, mudar e superar.
- As mariposas podem simbolizar sentir-se esquecido, feio, ou então nossos pontos fracos e nossos aborrecimentos.
- A face de um animal, em especial de um elefante, pode simbolizar as formas pelas quais enfrentamos problemas, e um medo de olhar para nossas questões internas. Também pode simbolizar "o elefante na sala", e significar um assunto que está sendo evitado.

Cartão 2

Esse cartão é constituído por tinta vermelha e preta e é muitas vezes considerado como de natureza sexual. As partes vermelhas são geralmente interpretadas como sangue, e a forma como uma pessoa responde pode refletir como esta administra sentimentos, lesões corporais ou raiva. As pessoas muitas vezes descrevem o cartão como parecendo uma oração, duas pessoas, uma pessoa olhando para o espelho, ou animais de quatro patas, como cachorro, urso ou elefante.

- Ver duas pessoas pode simbolizar dependência mútua, uma obsessão com sexo, sentimentos ambivalentes sobre sexo ou um foco em vínculo com outras pessoas ou relacionamentos.
- Ver uma pessoa olhando para seu reflexo no espelho pode simbolizar alguém ensimesmado ou introspectivo. Pode ser um traço positivo ou negativo, de acordo com os sentimentos da pessoa.
- Ver um cachorro pode simbolizar um amigo afetuoso e leal. Se o paciente viu apenas algo negativo, pode indicar que ele precisa enfrentar seus medos e reconhecer os sentimentos interiores.
- Ver um elefante pode simbolizar atenção, memória e inteligência; entretanto, também pode simbolizar uma autoimagem física negativa.
- Ver um urso pode simbolizar agressão, competição, independência, ressurreição e pode até mesmo representar uma brincadeira com a palavra "nu" (em inglês: urso — *bear* e nu — *bare*), que pode significar

sentimentos de vulnerabilidade, sentir-se desprotegido ou se sentir sincero e honesto.
- Esse cartão é extremamente sexual, de modo que ver uma pessoa rezando pode simbolizar as crenças de alguém sobre sexo no contexto de sua religião. O sangue também pode indicar que uma pessoa associa a dor física com a religião, que ela se volta para a oração quando passa por emoções difíceis como a raiva, ou associa a raiva com a religião.

Cartão 3
O terceiro cartão apresenta tinta vermelha e preta, e simboliza a forma como uma pessoa se relaciona com outras em interações sociais. As respostas mais comuns para esse cartão incluem ver duas pessoas, uma pessoa olhando para um espelho, uma borboleta ou uma mariposa.

- Ver duas pessoas comendo juntas simboliza que a vida social do participante é nutritiva. Ver duas pessoas lavando as mãos pode simbolizar insegurança, uma sensação de não ser limpo ou sentimentos paranoicos. Ver duas pessoas participando de algum tipo de jogo pode indicar uma visão competitiva das relações sociais.
- Ver uma pessoa olhando para seu reflexo no espelho pode simbolizar ser ensimesmado, ser indiferente aos outros ou não ver as pessoas pelo que elas são.

Cartão 4
O quarto cartão é geralmente conhecido como o "cartão do pai". Ele é composto por tinta preta e apresenta sombreamento. Muitas vezes visto como uma figura grande e, por vezes, intimidadora ou assustadora que é classificada mais como masculina do que feminina, esse borrão de tinta diz respeito aos sentimentos da pessoa em relação à autoridade e à criação pelos pais. As respostas mais comuns incluem ver um animal grande ou um monstro, ou ver couro ou pele de animal.

- Ver um animal grande ou monstro pode simbolizar sentimentos de inferioridade em relação à autoridade, ou um medo amplificado de figuras de autoridade, incluindo figuras paternas.
- Ver couro ou pele de animal pode simbolizar grande desconforto ao discutir o assunto "pai". No extremo oposto, pode simbolizar que o indivíduo tem menos problema com autoridade e inferioridade.

Cartão 5

Esse cartão é feito com tinta preta e, mais uma vez, tal como o primeiro, reflete a nós mesmos. Geralmente não é considerado ameaçador, e, como os cartões anteriores ofereceram mais dificuldades, este deve ser relativamente fácil e produz uma resposta de qualidade. Se as respostas não forem semelhantes às dadas para o primeiro cartão, significa que os cartões 2 a 4 possivelmente influenciaram o indivíduo. As respostas mais comuns para esse cartão incluem um morcego, borboleta ou uma mariposa.

Cartão 6

Esse cartão é feito de tinta preta e a característica predominante é a textura do borrão. O cartão provoca uma associação com proximidade interpessoal e por isso é conhecido como o "cartão do sexo". A resposta mais comum aqui é uma pele ou couro de animal, que pode indicar uma resistência a estar próximo e, em consequência, um sentimento de vazio pessoal e desconexão.

Cartão 7

Esse cartão é feito de tinta preta e está geralmente ligado à feminilidade. Como as respostas mais comuns a esse cartão incluem mulheres e crianças, ele é conhecido como o "cartão da mãe". Se a pessoa tem problemas para responder a esse cartão, talvez seja em virtude de problemas que enfrenta com figuras femininas em sua vida. As respostas mais comuns incluem cabeças ou rostos de mulheres ou crianças e beijos.

- Ver cabeças de mulheres simboliza sentimentos associados com a visão da própria mãe. Esses sentimentos também influenciam sua visão sobre as mulheres em geral.
- Ver cabeças de crianças simboliza sentimentos associados com a infância e a necessidade de cuidados da criança interior. Também pode indicar que a relação que o participante tem com a mãe necessita ser observada e curada.
- Ver cabeças quase se beijando simboliza o desejo por afeto e reconexão com a figura materna. Isso pode indicar que havia antes uma relação próxima com a mãe que agora é buscada em outras relações, sejam românticas, sejam sociais.

Cartão 8

Esse cartão é muito colorido e apresenta tintas cinza, rosa, laranja e azul. Não só é o primeiro cartão multicolorido, como também é extremamente complexo. Se o cartão ou a mudança de ritmo fizer com que o participante fique desconfortável, ele pode ter problemas no processamento de situações complexas ou de estímulos emocionais. As respostas mais comuns ao cartão incluem ver animais de quatro patas, uma borboleta ou uma mariposa.

Cartão 9

Esse cartão é composto por tintas verde, rosa e laranja. Esse borrão de tinta é caracterizado por seu caráter vago e a incapacidade de visualizar algo específico. A maioria das pessoas tem dificuldade para encontrar o que vê nele. É por esse motivo que o cartão explora como a pessoa lida com a falta de estrutura e a indefinição. As respostas mais comuns geradas por esse cartão são uma forma humana genérica ou alguma forma demoníaca indeterminada.

- Se um ser humano é visto, a maneira como o indivíduo se sente em relação a essa pessoa pode simbolizar a forma como o participante lida com tempo e informação não estruturados.
- Ver o mal pode simbolizar que para se sentir confortável há necessidade de estrutura na vida do participante e que ele não tolera bem a indefinição.

Cartão 10

O último cartão no teste de Rorschach é o mais colorido, com tintas laranja, amarela, rosa, verde, cinza e azul. Estruturalmente, esse cartão é semelhante ao cartão 8, mas possui uma complexidade semelhante à do cartão 9. Embora muitos achem esse cartão agradável, aqueles que não gostam da complexidade do cartão 9 podem se sentir da mesma maneira nesse caso, o que pode indicar uma dificuldade em lidar com estímulos semelhantes, síncronos e coincidentes. As respostas mais comuns a esse borrão de tinta incluem caranguejo, lagosta, aranha, cabeça de coelho, cobras ou lagartos.

- Ver um caranguejo pode simbolizar uma tendência a se apegar a coisas ou outras pessoas, ou pode simbolizar perseverança.
- Ver uma lagosta pode simbolizar força, perseverança e uma capacidade de resolver pequenos problemas. Uma lagosta também pode simbolizar o medo de machucar a si mesmo ou de ser ferido.
- Ver uma aranha pode simbolizar medo, um sentimento de entrelaçamento ou uma sensação de ficar preso em uma situação desagradável

em função de contar mentiras. Também pode simbolizar uma mãe dominadora e o poder feminino.
- Ver a cabeça de um coelho pode simbolizar a fertilidade e uma perspectiva favorável.
- Cobras podem simbolizar perigo, sentir que alguém mentiu ou enganou, ou sentir medo do desconhecido. Cobras também podem ser consideradas um símbolo fálico e podem se relacionar com o sexo inaceitável ou proibido.
- Como esse cartão está no final do teste, ver lagartos simboliza espaço para crescimento e uma compreensão de que você está constantemente se reinventando e evoluindo.

PERCEPÇÃO VISUAL
Como você vê o que está vendo

Os seres humanos recebem informações com os órgãos dos sentidos, incluindo as orelhas, o nariz e os olhos. Esses órgãos fazem parte de sistemas sensoriais maiores que recebem e enviam informações ao cérebro. Na percepção visual, psicólogos tentam descobrir como as informações transmitidas pelos órgãos dos sentidos criam a base da percepção. Em outras palavras, os psicólogos tentam explicar por que, por exemplo, você detecta uma cadeira quando a luz atinge seu olho ou por que, quando uma onda sonora chega até você, você detecta esse som de determinada maneira. Os psicólogos ainda discordam sobre a extensão pela qual a percepção se baseia nas informações encontradas no estímulo. As duas teorias principais para explicar como processamos as informações são a do processamento de cima para baixo (*top-down*) e a do processamento de baixo para cima (*bottom-up*), ambas com ardorosos defensores na comunidade psicológica.

PROCESSAMENTO DE CIMA PARA BAIXO

Em 1970, o psicólogo Richard Gregory afirmou que a percepção era construtiva e que, ao olhar para algo, uma pessoa começa a montar hipóteses perceptuais sobre o que vê com base em conhecimento prévio — e essas hipóteses são, em sua maior parte, sempre corretas. O processamento de cima para baixo se baseia no reconhecimento de padrões e na utilização de informações contextuais. Por exemplo, se você estiver tentando ler algo escrito com má caligrafia por alguém, será mais difícil entender uma palavra isolada do que uma frase completa, pois o significado das outras palavras ajuda na compreensão pelo fornecimento do contexto.

Gregory estimou que cerca de 90% da informação que chega ao olho é perdida no momento em que alcança o cérebro. O cérebro, então, utiliza as experiências do passado para construir uma percepção da realidade. A percepção envolve um grau elevado de teste de hipóteses, de modo que a informação apresentada pelos órgãos dos sentidos possa ser lógica. Na medida em que os receptores sensoriais obtêm informações do ambiente, essa informação é então combinada com outras sobre o mundo armazenadas previamente a partir de experiências passadas.

O CUBO NECKER

O cubo Necker é utilizado para justificar e respaldar a hipótese do processamento de cima para baixo mostrando que hipóteses incorretas resultam em erros de percepção, como uma ilusão de ótica.

Se você olhar para as intersecções no cubo, notará que a orientação dele pode aparentemente mudar. Esse padrão físico simples é instável e realmente gera duas percepções.

Os partidários da percepção de cima para baixo afirmam que o motivo para as duas percepções é que o cérebro desenvolveu duas hipóteses que são igualmente plausíveis com base na entrada sensorial e em experiências anteriores, e não consegue decidir entre as duas.

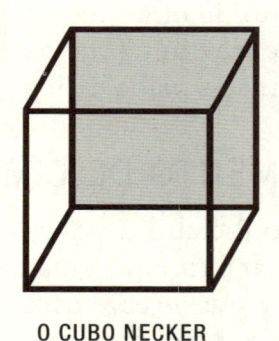

O CUBO NECKER

PROCESSAMENTO DE BAIXO PARA CIMA

Não são todos os psicólogos que acreditam que o processamento de cima para baixo seja a interpretação correta dos estímulos visuais. O psicólogo James Gibson não concorda com a explicação do teste de hipóteses e afirma que a percepção é mais direta. Ele sustenta que o sentido pode ser construído a partir do mundo de maneira bastante direta, pois há informação suficiente em nosso ambiente. No processamento de baixo para cima de Gibson não existe nenhuma interpretação ou processamento da informação recebida, porque essa informação vem de maneira suficientemente detalhada. Para confirmar esse argumento, pode-se pensar no seguinte cenário: você está sentado em um trem em rápido movimento, e, enquanto viaja, os objetos mais próximos passam a um ritmo mais rápido do que os objetos mais distantes. A distância dos objetos mais afastados pode ser compreendida pela sua velocidade relativa. No processamento de baixo para cima (ou processamento de dados), a percepção começa com o próprio estímulo que é analisado em uma única direção — uma quebra simples da informação sensorial bruta para análises cada vez mais complexas.

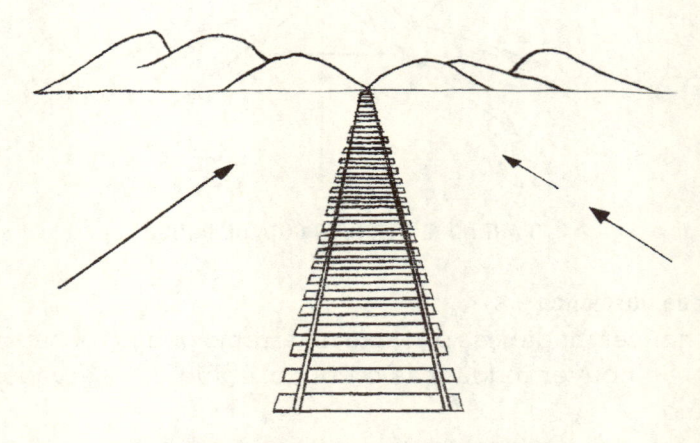

VISUALIZAÇÃO TRASEIRA DE UM TREM

Depois de trabalhar com pilotos sobre o tema da percepção profunda durante a Segunda Guerra Mundial, Gibson concluiu que a percepção de superfícies tinha mais importância do que a percepção de profundidade ou espaço, pois as superfícies têm características que permitem distinguir os objetos entre si. Gibson afirmou ainda que parte da percepção era entender a função de um objeto — por exemplo, se o objeto pode ser fixado, jogado ou carregado.

Quando trabalhava com aviação, Gibson descobriu algo que chamou de "padrões de fluxo ótico".

Quando um piloto se aproxima de uma pista de pouso, o ponto para o qual ele está se movendo parece imóvel, enquanto o ambiente visual circundante parece realmente estar se afastando desse ponto. Gibson afirmou que os padrões de fluxo ótico podiam dar aos pilotos uma informação inequívoca a respeito de velocidade, direção e altitude. Utilizando o conceito de padrões de fluxo ótico, Gibson conseguiu fazer uma descrição mais completa em três partes de sua teoria de processamento de baixo para cima.

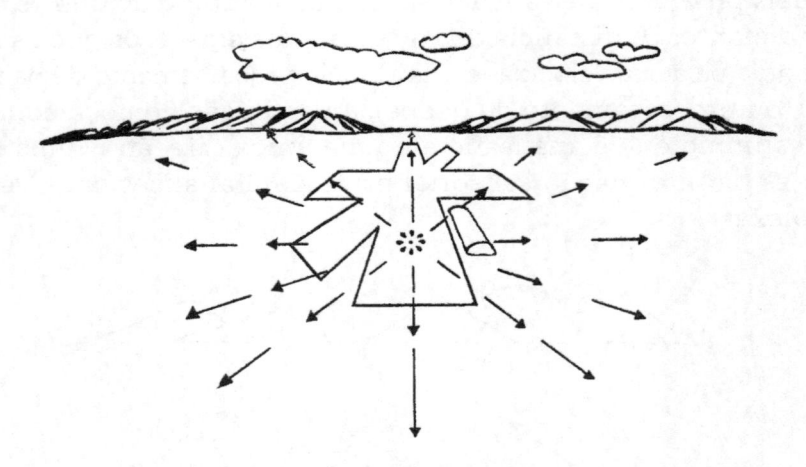

O ARRANJO ÓTICO DO GUIA DE POUSO

Padrões de fluxo ótico
- Se não houver mudanças ou fluxo no arranjo ótico, o observador estará parado. Se houver mudanças ou fluxo, então o observador estará se movendo.
- O fluxo vem de um ponto específico ou se move para um ponto específico. O observador pode dizer em que direção está se movendo com base no centro do movimento; se o fluxo estiver se movendo na direção de um ponto específico, então o observador está se afastando dele, mas, se o fluxo estiver vindo do ponto específico, então o observador está se movendo na direção dele.

Invariantes
Toda vez que movemos nossos olhos, nossa cabeça ou caminhamos, as coisas começam a se deslocar para dentro e para fora de nosso campo visual. Por esse motivo, é raro termos uma visão estagnada de objetos ou cenas.

- Quando você se aproxima de um objeto, a textura se expande, e, quando você se afasta de um objeto, a textura se contrai.

- **Tamanho relativo:** à medida que um objeto se afasta, a imagem vista pelo olho parece menor, e objetos com imagens menores são considerados como mais distantes.
- **Altura no campo visual:** quando um objeto está mais longe, isso significa que ele geralmente é mais elevado no campo visual.
- **Gradiente de textura:** quando um objeto se afasta, a granulagem da textura se torna menor.
- **Sobreposição:** quando a imagem de um objeto impede que a imagem de outro objeto seja vista, isso significa que o primeiro objeto é considerado mais próximo do que o segundo.

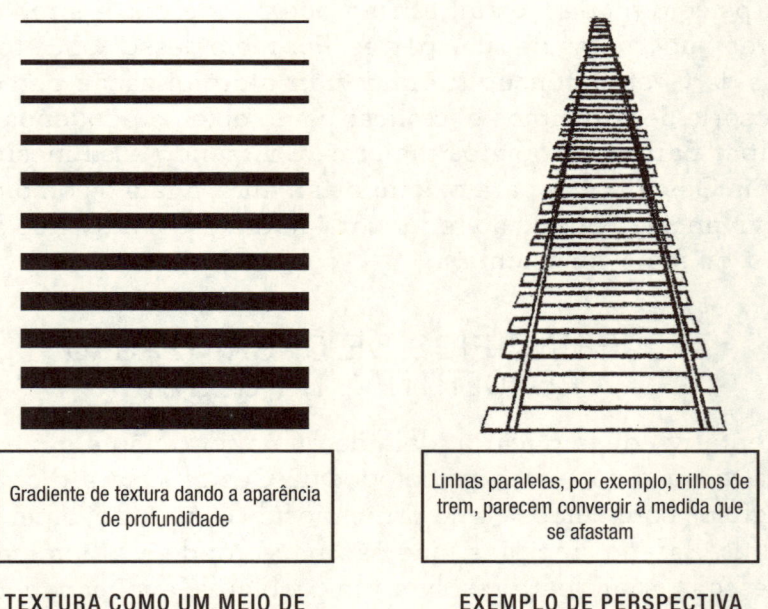

Gradiente de textura dando a aparência de profundidade

Linhas paralelas, por exemplo, trilhos de trem, parecem convergir à medida que se afastam

TEXTURA COMO UM MEIO DE MOSTRAR PROFUNDIDADE

EXEMPLO DE PERSPECTIVA LINEAR

Nem a teoria de Gregory nem a teoria de Gibson conseguem ser uma descrição precisa de tudo sobre a percepção, e têm sido apresentadas outras teorias que propõem que os processos de cima para baixo e de baixo para cima interagem entre si para criar a melhor interpretação. Independentemente da solução final, ambas as interpretações sobre percepção abriram o caminho para a reflexão dos psicólogos sobre essa difícil questão.

PSICOLOGIA DA GESTALT
Olhar para o comportamento e a mente como um todo

Criada por Max Wertheimer, Kurt Koffka e Wolfgang Kohler nos anos 1920, a psicologia da Gestalt é uma escola de pensamento baseada na noção de que o comportamento e os meandros da mente não devem ser estudados separadamente, mas analisados como um todo, pois é assim que em geral os seres humanos vivenciam os acontecimentos.

A psicologia da Gestalt afirma que o todo não é simplesmente o mesmo que a soma de suas partes. Por meio desse conceito, os psicólogos da Gestalt conseguiram dividir a organização perceptual em uma série de princípios e explicar como objetos pequenos podem se agrupar para criar objetos maiores. Utilizando essa mesma ideia, a terapia Gestalt olha para o comportamento, a fala e como um indivíduo vivencia o mundo ao redor para ajudar esse indivíduo a se tornar pleno, ou mais consciente.

PRINCÍPIOS DE ORGANIZAÇÃO PERCEPTUAL DA GESTALT

Na tentativa de explicar a ideia de que o todo não é o mesmo que a soma de suas partes, os psicólogos da Gestalt criaram uma série de princípios conhecidos como princípios de organização perceptual da Gestalt. Esses princípios, que são na verdade atalhos mentais que as pessoas criam para resolver um problema, explicam com sucesso como objetos menores podem se agrupar tornando-se objetos maiores e mostram que existe uma diferença entre o todo e as várias partes que o compõem.

LEI DA SEMELHANÇA
As pessoas tendem a agrupar itens que são semelhantes. Na imagem a seguir, as pessoas geralmente veem colunas verticais feitas de círculos e quadrados.

PERCEPÇÃO DE AGRUPAMENTOS SIMILARES

LEI DA SIMPLICIDADE (PRAGNANZ)
Em alemão, *pragnanz* significa "boa figura". A lei da simplicidade afirma que vemos objetos em sua forma mais simples possível.

Por exemplo, na imagem a seguir, em vez de uma série de formas complexas, vemos cinco círculos.

AGRUPAMENTOS VISTOS DE FORMA SIMPLIFICADA

LEI DA PROXIMIDADE
A lei da proximidade afirma que, quando os objetos estão perto uns dos outros, as pessoas têm a tendência de agrupá-los.

Na imagem a seguir, os círculos à direita aparecem como se estivessem agrupados em linhas horizontais, enquanto os círculos à esquerda aparecem como se estivessem agrupados em colunas verticais.

AGRUPAMENTOS DE PROXIMIDADE

LEI DA CONTINUIDADE
A lei da continuidade estabelece que as pessoas tendem a achar o caminho mais suave quando os pontos parecem conectados por linhas curvas ou retas. Essas linhas aparecem como se pertencessem umas às outras, em vez de aparecerem como linhas e ângulos individuais.

Por exemplo, na imagem a seguir, em vez de ver a parte inferior como uma linha em separado, nós a vemos como uma extensão da série.

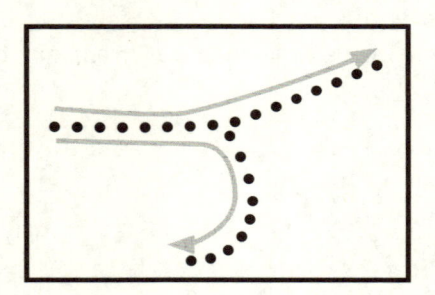

PERCEBENDO TRANSIÇÕES SUAVES

LEI DO PREENCHIMENTO
A lei do preenchimento afirma que nosso cérebro tende a preencher os vazios quando objetos são agrupados em conjunto de modo que o agrupamento possa ser visto como um todo.

Na imagem a seguir, por exemplo, os vazios entre os objetos são ignorados por nosso cérebro, e completamos as linhas de contorno. Nosso cérebro preenche essa falta de informação e cria triângulos e círculos — formas que nos são mais familiares.

PERCEBENDO FORMAS NO ESPAÇO NEGATIVO

FIGURA-FUNDO

A lei da figura-fundo mostra que as pessoas possuem uma tendência inata de reconhecer apenas uma parte de um evento como a figura (também conhecido como primeiro plano) e a outra como o fundo. Mesmo sendo uma única imagem, ela pode ser vista como um vaso ou como dois rostos, mas nunca ao mesmo tempo.

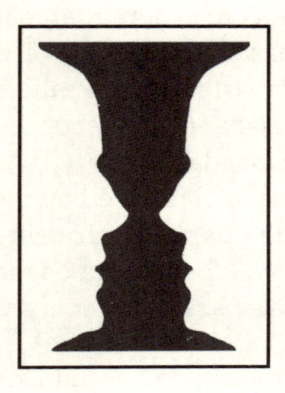

RECONHECIMENTO DO PRIMEIRO PLANO E DO FUNDO

TERAPIA GESTALT

Com base nos primeiros trabalhos da psicologia perceptual da Gestalt, e em várias outras influências como o trabalho de Sigmund Freud, Karen Horney e até no teatro, o casal Frederick e Laura Perls criou a terapia Gestalt na década de 1940.

De forma muito parecida com o foco no todo da psicologia Gestalt, a terapia Gestalt se concentra sobre todo o ser de uma pessoa, por meio de aspectos como o comportamento, a fala, a postura e como o indivíduo se depara com o mundo.

Enquanto no início da psicologia Gestalt a preocupação era com o primeiro plano e o pano de fundo na teoria figura-fundo, a terapia Gestalt utiliza a ideia de primeiro plano e pano de fundo para ajudar um indivíduo a tornar-se consciente de si mesmo. A terapia ajuda a identificar quem o indivíduo é em um cenário de situações e emoções que permanecem sem solução.

TÉCNICAS COMUNS DA TERAPIA GESTALT

Uma técnica comum utilizada em terapia Gestalt é a de interpretação de papéis. Isso ajuda um indivíduo a elaborar uma solução para uma situação ou um problema que de outra forma não se resolveria. A técnica de interpretação de papéis mais comumente utilizada é a da "cadeira vazia", em que uma pessoa fala com uma cadeira vazia como se alguém estivesse sentado nela. Além de ajudar a desabafar, essa técnica também ajuda a pessoa a descobrir novas maneiras de resolver os problemas.

A terapia Gestalt coloca também grande ênfase na análise dos sonhos, acreditando que eles podem trazer à tona a psicologia de um indivíduo, assim como os traumas do passado. Uma técnica geralmente utilizada na terapia Gestalt é fazer o indivíduo escrever seus sonhos por duas semanas, escolher um que pareça especialmente importante ou significativo e realmente representá-lo. Isso permite que a pessoa se reconecte com partes de sua experiência de vida que já foram descartadas.

Outra técnica comum utilizada na terapia Gestalt é bater em um sofá com tacos macios ou bastões acolchoados para liberar sentimentos de raiva. Ao visualizar o que lhe produz raiva e bater com os tacos ou bastões, você pode liberar a raiva improdutiva e passar a se concentrar em seu verdadeiro "eu".

Por último, uma das técnicas mais famosas de terapia Gestalt é também uma das mais simples. Como a ideia por trás da terapia Gestalt é tornar-se consciente de si mesmo, é preciso primeiro aumentar a consciência. Isso pode ser feito dizendo "Eu estou ciente de que...", e definir-se dessa maneira. Você pode dizer, "Eu estou ciente de que estou sentado à minha mesa", "Estou ciente de que me sinto triste agora", e assim por diante. Essa técnica ajuda a manter a pessoa no presente, separa os sentimentos de interpretações e julgamentos, e ajuda a produzir uma visão mais clara de como a pessoa se vê.

PSICOLOGIA COGNITIVA
Compreender o que realmente acontece em sua cabeça

A psicologia cognitiva é o ramo da psicologia que trata de como uma pessoa adquire, processa e armazena informações. Antes da década de 1950, a escola de pensamento dominante havia sido o behaviorismo. Durante os vinte anos seguintes, o campo da psicologia começou a se afastar do estudo de comportamentos observáveis e passou a estudar processos mentais internos, tratando de temas como atenção, memória, resolução de problemas, percepção, inteligência, tomada de decisões e processamento da linguagem. A psicologia cognitiva diferia da psicanálise porque utilizava métodos de pesquisa científica para estudar os processos mentais, em vez de simplesmente confiar nas percepções subjetivas de um psicanalista.

O período que vai da década de 1950 até a década de 1970 é agora comumente chamado de "revolução cognitiva", pois foi nesse intervalo que os modelos de processamento e os métodos de pesquisa foram criados. O psicólogo norte-americano Ulric Neisser utilizou pela primeira vez a expressão em seu livro *Cognitive psychology*, publicado em 1967.

Os dois pressupostos da psicologia cognitiva

As partes individuais dos processos mentais podem ser identificadas e compreendidas por método científico e é possível descrever os processos mentais internos com algoritmos ou regras em modelos de processamento de informação.

ATENÇÃO

Na psicologia cognitiva, a atenção refere-se à forma como um indivíduo de maneira ativa processa informações especificamente presentes em seu ambiente. Ao ler este livro, você também está absorvendo inúmeras visões, sons e sensações ao seu redor: o peso do livro em suas mãos, os sons de uma pessoa que fala ao telefone perto de você, a sensação de estar sentado em sua cadeira, a visão das árvores do lado de fora de sua janela, a lembrança de uma conversa que teve, e muito mais. Os psicólogos que estudam a psicologia cognitiva querem entender como uma pessoa consegue absorver todas essas sensações diferentes e ainda se concentrar em apenas um único elemento ou tarefa.

QUATRO TIPOS DE ATENÇÃO

- **Atenção focada:** uma resposta de curto prazo, que pode chegar a oito segundos, para estímulos auditivos, táteis ou visuais muito específicos. Por exemplo, um telefone que toca ou uma ocorrência súbita podem fazer alguém se concentrar nisso por alguns segundos, mas em seguida voltar para a tarefa que estava sendo realizada ou pensar em algo não relacionado com o episódio.
- **Atenção prolongada:** um grau de atenção que produz resultados consistentes que envolvem uma tarefa contínua e repetitiva realizada ao longo do tempo. Por exemplo, se uma pessoa que está lavando pratos mostra uma atenção prolongada, ela executará a tarefa até concluí-la. Se uma pessoa perde o foco, ela pode parar pela metade e passar para outra tarefa. A maioria dos adultos e adolescentes não consegue mostrar uma atenção prolongada em uma tarefa por mais de vinte minutos e opta por repetidamente retomar o foco nessa tarefa, o que lhes permite prestar atenção em coisas que são mais longas, como filmes.
- **Atenção dividida:** prestar atenção a várias coisas ao mesmo tempo. Essa é uma capacidade limitada e afeta a quantidade de informação que é processada.
- **Atenção seletiva:** prestar atenção a coisas específicas, enquanto filtra outras. Por exemplo, se você estiver em uma festa barulhenta, ainda conseguirá manter uma conversa com alguém mesmo havendo outras sensações acontecendo ao seu redor.

CEGUEIRA POR DESATENÇÃO E O TESTE DO GORILA INVISÍVEL

A cegueira por desatenção mostra o que acontece quando uma pessoa fica sobrecarregada de sensações. Isso ocorre quando o indivíduo não percebe estímulos óbvios, mesmo quando estão bem diante de si. A cegueira por desatenção ocorre com todas as pessoas porque é mental e fisicamente impossível notar todos os estímulos. Um dos experimentos mais famosos que demonstram a cegueira por desatenção é o Teste do Gorila Invisível, de Daniel Simon.

Um grupo de indivíduos foi convidado a assistir a um pequeno vídeo sobre dois grupos de pessoas (um grupo vestia camisetas brancas e outro vestia camisetas pretas) enquanto duas bolas de basquete eram passadas dentro dos respectivos grupos. Os participantes do teste foram instruídos a contar quantas vezes a bola era passada em um grupo.

Entretanto, enquanto os dois grupos passavam suas bolas de basquete entre si, uma pessoa fantasiada de gorila caminhava para o centro, batia no peito e, em seguida, caminhava para fora da tela.

Ao término do vídeo, perguntava-se aos participantes do estudo se eles não notaram nada de anormal e, em muitos casos, 50% das pessoas não viam o gorila. O experimento demonstra que a atenção desempenha um papel importante na relação entre a percepção de uma pessoa e o campo visual.

RESOLUÇÃO DE PROBLEMAS

Na psicologia cognitiva, um problema é definido como uma questão ou situação que envolve dificuldade, incerteza ou dúvida. O processo mental de resolução de problemas consiste em descoberta, análise e solução do problema, com o objetivo final de superar um obstáculo e resolver o assunto com a melhor solução possível.

O ciclo de resolução de problemas

Os pesquisadores acreditam que a melhor maneira de resolver um problema é por meio de uma série de etapas conhecidas como ciclo de resolução de problemas. No entanto, é importante notar que, embora as etapas sejam listadas sequencialmente, raras vezes as pessoas seguem de maneira rígida essa série e, ao contrário, pulam várias etapas ou voltam quantas vezes for necessário para chegar a um resultado desejado.

1. **Identificar o problema:** nessa primeira etapa a existência de um problema é reconhecida pela primeira vez. Embora pareça bastante simples, a identificação equivocada da origem do problema fará

com que qualquer tentativa de resolvê-lo seja ineficaz e possivelmente inútil.
2. **Definir o problema e identificar as limitações:** uma vez que a existência de um problema tenha sido identificada, a pessoa deve definir completamente qual é o problema para poder resolvê-lo. Em outras palavras, agora que há o reconhecimento da existência de um problema, a definição do que é realmente o problema se torna mais clara.
3. **Elaborar uma estratégia de solução:** a abordagem para a criação de uma estratégia dependerá da situação e das preferências características do indivíduo.
4. **Organizar informações sobre o problema:** a pessoa deve agora organizar todas as informações disponíveis para estar preparada para chegar a uma solução adequada.
5. **Alocar e utilizar os recursos mentais e físicos necessários:** de acordo com a importância do problema, pode ser necessário alocar determinados recursos de dinheiro, tempo ou algo mais. Se o problema não for tão importante, o uso de muitos recursos pode não ser essencial para chegar a uma solução.
6. **Monitorar o progresso:** se nenhum progresso estiver sendo feito, então é hora de reavaliar a abordagem e buscar estratégias diferentes.
7. **Avaliar os resultados em busca de precisão:** para ter certeza de que a solução foi a melhor possível, os resultados devem ser avaliados. Isso pode ser feito ao longo do tempo, como na avaliação dos resultados de um programa de exercícios físicos, ou imediatamente, como na verificação da resposta de um problema de matemática.

ESTRATÉGIAS COGNITIVAS PARA RESOLUÇÃO DE PROBLEMAS

Existem dois tipos de problemas: problemas bem definidos e problemas mal definidos. Os bem definidos têm objetivos claros, apresentam um caminho bastante específico que conduz a uma solução e possuem obstáculos fáceis de identificar com base nas informações fornecidas. Os problemas mal definidos não possuem um caminho ou fórmula específica que conduzem a uma solução e necessitam ser investigados para que o problema possa ser definido, compreendido e resolvido.

Como o uso de uma fórmula não consegue resolver problemas mal definidos, as informações devem ser coletadas e analisadas para chegar a uma solução. Os problemas mal definidos também podem apresentar subproblemas bem definidos. Para encontrar uma solução, pode ser necessária uma combinação de estratégias de resolução de problemas. Os pesquisadores já relataram ter encontrado mais de cinquenta estratégias diferentes de resolução de problemas. Algumas das mais comuns são as seguintes:

- *Brainstorm*: listar todas as opções sem avaliá-las, analisar as opções e então escolher uma.
- **Analogia:** utilizar uma opção aprendida com problemas semelhantes.
- **Dividir o problema:** pegar um problema grande ou complexo e dividi-lo em problemas que sejam menores e mais simples.
- **Testar hipóteses:** criar uma hipótese com base na causa do problema, reunir informações e testá-la.
- **Tentativa e erro:** testar soluções aleatórias até encontrar a correta.
- **Pesquisa:** adaptar e utilizar ideias existentes para problemas que são semelhantes.
- **Análise de meios e fins:** a cada fase do ciclo de resolução de problemas, tomar uma ação para chegar mais perto do objetivo.

MEMÓRIA

A memória em psicologia cognitiva refere-se aos processos utilizados em aquisição, armazenamento, retenção e recuperação de informações. Existem três processos principais: codificação, armazenamento e recuperação.

Para criar uma nova memória, a informação deve, em primeiro lugar, passar pela codificação, de modo que mude para uma forma utilizável. Após a codificação, a informação é armazenada em nossa memória para poder ser utilizada mais tarde. Na verdade, a maior parte de nossa memória armazenada está fora de nossa consciência até que seja necessária. Quando há necessidade, essa informação passa pelo processo de recuperação, permitindo que a memória armazenada seja trazida para a nossa consciência.

Para entender as funções básicas e a estrutura da memória, pode ser utilizado o modelo de estágios de memória, que propõe três estágios distintos:

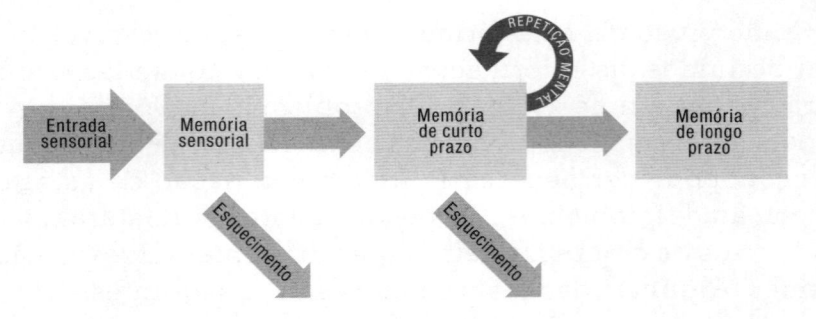

```
    Entrada      Memória        Memória        Memória
   sensorial  →  sensorial  →   de curto   →   de longo
                                 prazo          prazo
                      ↘     ↘
                  Esquecimento  Esquecimento
```

EVOLUÇÃO DA FORMAÇÃO DA MEMÓRIA

1. **Memória sensorial:** este é o primeiro estágio no processo da memória. As informações sensoriais que foram colhidas a partir do ambiente como uma cópia exata do que é visto ou ouvido são armazenadas por um curto período de tempo. A informação auditiva é armazenada por três ou quatro segundos, enquanto a informação visual é geralmente guardada por não mais do que meio segundo. Apenas alguns aspectos específicos da memória sensorial precisam ser levados em conta, e isso permite que algumas informações passem para o próximo estágio.
2. **Memória de curto prazo:** também conhecida como memória ativa, esta é a informação sobre a qual em geral pensamos ou estamos conscientes. Essa informação será guardada por vinte a trinta segundos e é gerada prestando atenção às memórias sensoriais. Embora as memórias de curto prazo sejam muitas vezes rapidamente esquecidas, se essa informação precisar ser levada em conta por repetição, então passará para o próximo estágio.
3. **Memória de longo prazo:** trata-se do armazenamento contínuo de informações. Freud se referia à memória de longo prazo como inconsciente e pré-consciente. A informação aqui está fora da consciência de uma pessoa, mas pode ser chamada e utilizada quando necessário. Enquanto algumas das informações são fáceis de recuperar, outras podem ser de acesso muito mais difícil.

Diferenças entre memória de curto prazo e memória de longo prazo

As diferenças entre memória de curto prazo e memória de longo prazo ficam muito claras quando se discute a recuperação da memória. A memória de curto prazo é armazenada e lembrada em ordem sequencial e é principalmente composta por memórias sensoriais. Assim, por exemplo, ao ouvir uma lista de palavras e ser solicitado a lembrar da sexta palavra, você precisará listar as palavras na ordem em que as ouviu para chegar à informação correta. A memória de longo prazo, porém, é armazenada e lembrada com base em significado e associação.

COMO A MEMÓRIA É ORGANIZADA

Como somos capazes de acessar e recordar informações da memória de longo prazo, uma pessoa consegue, então, usar essas memórias ao interagir com outras, tomar decisões e resolver problemas. No entanto, a forma como a informação é armazenada ainda é um mistério. O que sabemos, porém, é que as memórias são organizadas em grupos por meio de um processo conhecido como agrupamento (*clustering*).

No agrupamento, as informações são classificadas em categorias para que seja mais fácil lembrar. Por exemplo, dê uma olhada no seguinte grupo de palavras:

Verde
Mesa
Framboesa
Azul
Escrivaninha
Banana
Pêssego
Magenta
Escritório

Ao ler a lista, desviar os olhos e, em seguida, tentar escrever as palavras, sua memória provavelmente agruparia as palavras em diferentes categorias: cores, frutas e móveis.

Na ponta da língua?

Pesquisas sugerem que, na verdade, quanto mais tempo você passa tentando descobrir a palavra que ia dizer, aumenta a probabilidade de ter novamente dificuldades com a mesma palavra mais tarde.

A memória desempenha um papel muito grande em nossa vida. Do curto ao longo prazo, nossas experiências e nossa forma de ver o mundo são moldadas pela nossa memória. No entanto, mesmo com tudo que já entendemos a respeito do assunto, o que a memória realmente representa, em seu aspecto mais essencial, ainda é um mistério.

TEORIA DA DISSONÂNCIA COGNITIVA

Lutar contra você mesmo

Em 1957, o psicólogo Leon Festinger sugeriu em sua teoria da dissonância cognitiva que cada pessoa tem um impulso e desejo interno de evitar a dissonância (ou desarmonia) em todas as suas atitudes e crenças (cognições) e que, em última análise, deseja alcançar a harmonia (consonância) entre suas cognições.

Se uma pessoa tem uma sensação de desconforto em virtude da existência de cognições simultâneas e conflitantes, isso é conhecido como dissonância cognitiva. Para reduzir o desconforto e restaurar o equilíbrio, uma cognição precisa passar por algum tipo de alteração.

Festinger começou a investigar sua teoria quando estudava os participantes de um culto. As pessoas observadas por ele acreditavam que o planeta seria destruído por uma grande inundação, e alguns membros chegaram a extremos pela causa que acreditavam, vendendo suas casas e abandonando o emprego na expectativa da chegada da calamidade. Quando ficou claro que a grande inundação da qual falavam nunca viria, Festinger quis observar suas reações.

Enquanto alguns reconheceram que foram tolos e abandonaram o culto, os mais comprometidos com a causa reinterpretaram as evidências para respaldar sua história, alegando que a Terra foi salva por causa da fé dos membros do culto.

Quando as cognições foram inconsistentes, os membros do culto procuraram alterar suas crenças para restaurar a consistência e a harmonia.

Definições Médicas

COGNIÇÃO: uma parte do conhecimento na forma de emoção, comportamento, ideia, crença, valor ou atitude. Por exemplo, o conhecimento de que você pegou uma bola de beisebol, o conhecimento de que uma canção lhe deixa feliz e o conhecimento de que você gosta da cor verde são cognições. Uma pessoa pode ter muitas cognições ao mesmo tempo, e as cognições criam relações dissonantes e consonantes com outras cognições.

EXPERIMENTO DA DISSONÂNCIA COGNITIVA

A dissonância pode ser criada quando uma pessoa é forçada a fazer algo em público mas que em caráter privado não gostaria de fazer. Isso cria uma dissonância entre a cognição que afirma "eu não queria fazer isso" e o comportamento. Isso também é conhecido como conformidade forçada, que ocorre quando uma pessoa faz algo que é inconsistente com o que acredita.

Como um comportamento passado não pode ser mudado, a única maneira de reduzir a dissonância é reavaliando e mudando a atitude da pessoa em relação ao comportamento. Para provar a conformidade forçada, Leon Festinger e James Carlsmith conduziram o seguinte experimento:

EXPERIMENTO — EXPERIMENTO DA CHATICE NA DISSONÂNCIA COGNITIVA

1. Divida os participantes em dois grupos: Grupo A e Grupo B. O Grupo A não receberá nenhuma explicação sobre as tarefas e o Grupo B receberá uma explicação que apresenta as atividades de forma agradável e interessante.
2. Comece fazendo com que os participantes realizem uma série de tarefas extremamente chatas e repetitivas. Na primeira meia hora peça aos pesquisados para colocar doze bobinas dentro e fora de uma bandeja com apenas uma mão. Na meia hora seguinte, peça aos pesquisados que girem pinos quadrados um quarto de volta no sentido horário em um quadro perfurado, novamente usando apenas uma mão. Quando o ciclo for concluído e todos os 48 pinos quadrados forem girados, os participantes terão de começar a girar os pinos quadrados novamente.
3. Depois de concluído, entreviste os pesquisados perguntando-lhes quanto eles achavam que as tarefas seriam agradáveis.
4. Deixe que cerca de um terço dos participantes chegue até esse ponto. Esse é o seu grupo de controle. Antes de serem liberadas, essas pessoas devem discutir em sua entrevista como o projeto poderia ser melhorado para estudos futuros.
5. Todos os demais receberão a opção de se tornar pesquisadores. Para tanto, eles só precisam falar ao próximo grupo de participantes sobre as tarefas que estão prestes a realizar de uma forma positiva. Para metade do grupo será oferecido 1 dólar pela contribuição, e para a outra metade serão oferecidos 20 dólares.

6. Entreviste os participantes mais uma vez e peça que classifiquem essas quatro partes do experimento: se eles sentiram que as tarefas realizadas foram agradáveis ou interessantes (em uma escala de -5 a +5); se o experimento lhes permitiu aprender sobre as próprias habilidades (em uma escala de 0 a 10); se eles acreditam que o experimento mediu algo importante (em uma escala de 0 a 10); e se o participante gostaria de fazer outro estudo como esse no futuro (em uma escala de -5 a +5).

Resultados

No experimento original de Festinger e Carlsmith, 11 das 71 respostas foram consideradas inválidas por vários motivos. Das respostas restantes, as pontuações foram conforme relatado a seguir:

PERGUNTA DA ENTREVISTA	CONTROLE DA CONDIÇÃO EXPERIMENTAL (N=20)	CONDIÇÃO EXPERIMENTAL DE 1 DÓLAR (N=20)	CONDIÇÃO EXPERIMENTAL DE 20 DÓLARES (N=20)
Quão agradáveis foram as tarefas? (de -5 a +5)	-0,45	+1,35	-0,05
Quanto você aprendeu? (de 0 a 10)	3,08	2,80	3,15
Importância científica? (de 0 a 10)	5,60	6,45	5,18
Você participaria de um experimento semelhante? (de -5 a +5)	-0,62	1,20	-0,25

Festinger e Carlsmith consideraram que a resposta para a primeira pergunta foi a mais importante e que os resultados mostraram a dissonância cognitiva. Como ao grupo de controle não foi oferecido nenhum dinheiro, essa foi realmente a forma como os participantes se sentiram a respeito do teste (dando uma nota de -0,45). A grande diferença entre o grupo que recebeu 1 dólar e o grupo que recebeu 20 dólares pode ser explicada pela dissonância cognitiva.

Os pesquisados envolvidos no estudo ficaram em conflito entre as cognições "Eu disse para alguém que o teste era interessante" e "Eu realmente achei o teste muito chato". Quando foi oferecido 1 dólar, os participantes começaram a internalizar e racionalizar suas atitudes para pensar que foi realmente agradável porque não havia outra justificativa à mão. Festinger e Carlsmith consideraram que o grupo que recebeu a oferta de 20 dólares, no entanto, teve o dinheiro como justificativa para as suas ações. Portanto, o grupo para o qual foi oferecido 1 dólar teve uma justificativa insuficiente para suas ações e passou por uma dissonância cognitiva.

TEORIA DA REDUÇÃO DO IMPULSO

Tentar manter o equilíbrio

Nas décadas de 1940 e 1950, o behaviorista Clark Hull tentou explicar o comportamento com a teoria da redução do impulso. Essencialmente, Hull acreditava que todas as pessoas têm necessidades biológicas — às quais ele se referia como "impulsos" — que motivam nossos comportamentos e criam estados desagradáveis. Hull acreditava que esses impulsos eram estados internos de tensão ou excitação de natureza fisiológica ou biológica. A principal influência da motivação vinha do desejo de reduzir esses impulsos, que Hull acreditava ser fundamental para manter a calma interna. Os exemplos mais comuns de impulsos na concepção de Hull incluem sede, fome e necessidade de estar aquecido. Para reduzir esses impulsos bebemos líquidos, nós nos alimentamos e colocamos mais roupas ou regulamos a temperatura do ar-condicionado.

Recorrendo às obras de Ivan Pavlov, Charles Darwin e John B. Watson, entre outros, Hill baseou a teoria da redução do impulso na noção de homeostase, acreditando que o comportamento era um método de manter o equilíbrio.

Definições Médicas

HOMEOSTASE: a ideia de que o corpo precisa atingir um nível de equilíbrio e, então, manter esse estado. Por exemplo, a forma como o corpo regula sua temperatura.

Hull foi considerado um neobehaviorista e acreditava que o comportamento podia ser explicado a partir de condicionamento e reforço. Um comportamento é reforçado pela redução de um impulso e esse reforço aumenta a possibilidade de que o comportamento ocorra novamente, caso seja necessário no futuro.

TEORIA MATEMÁTICO-DEDUTIVA DO COMPORTAMENTO

Junto com a teoria da redução do impulso, Hull tentou criar uma fórmula de aprendizagem e comportamento que pudesse acompanhar empiricamente suas teorias e oferecer uma compreensão mais técnica e profunda de como os impulsos influenciam a ação e o pensamento. Sua equação resultante, conhecida como Teoria Matemático-Dedutiva do Comportamento é:

$$sEr = V \times D \times K \times J \times sHr - sIr - Ir - sOr - sLr$$

sEr: representa o potencial excitatório, que significa a probabilidade de que um organismo crie uma resposta (r) para um estímulo (s).
V: o estímulo.
D: a força do impulso, determinada pela quantidade de privação biológica.
K: o tamanho do objetivo, conhecido como motivação de incentivo.
J: o intervalo de tempo antes que o reforço possa ser buscado.
sHr: a força do hábito, conforme determinado pela quantidade de condicionamento que ocorreu previamente.
sIr: conhecido como inibição condicionada e é o resultado de uma ausência anterior ou falta de reforço.
Ir: inibição da reação, conhecida de outra forma como letargia ou fadiga.
sOr: uma provisão para o erro que é aleatória.
sLr: limiar de reação, ou a menor quantidade de reforço necessário para gerar aprendizagem.

CRÍTICAS DA TEORIA DA REDUÇÃO DO IMPULSO

Embora o trabalho de Hull sobre método científico e técnicas experimentais tivesse deixado profundo impacto sobre o campo da psicologia, sua teoria da redução do impulso é amplamente ignorada hoje. Em função das variáveis definidas de forma muito limitada na fórmula que acompanha o estudo, sua teoria torna difícil criar previsões com base em experiências recorrentes.

Um dos maiores problemas com a teoria da redução do impulso de Hull é que ela não leva em conta o papel dos reforçadores secundários e como desempenham uma função na redução do impulso. Nas situações em que os reforçadores primários lidam com impulsos que são de natureza biológica ou fisiológica, os reforçadores secundários não reduzem essas necessidades biológicas ou fisiológicas de forma direta. O dinheiro, por exemplo, é um reforçador secundário. O dinheiro não pode reduzir um impulso; entretanto, ele é uma fonte de reforço e pode permitir a obtenção de um reforçador primário para reduzir um impulso.

Outra crítica da teoria da redução do impulso de Hull é que não há explicação sobre por que uma pessoa se envolveria em determinados comportamentos que na verdade não reduzem os impulsos. Por que uma pessoa bebe se não está com sede? Por que uma pessoa come se não está com fome? Algumas pessoas até aumentam a tensão ao participar de atividades como *bungee jumping* e paraquedismo. Essas atividades não atendem a nenhum tipo de necessidade biológica e até colocam o participante em perigo. Em última análise, embora seja uma teoria com falhas, o trabalho de Hull sobre redução do impulso estimulou uma geração de psicólogos a tentar uma compreensão mais profunda sobre os fatores precisos que provocam a ação e a reação dos seres humanos em seus ambientes.

HARRY HARLOW (1905-1981)

Ele não estava apenas se divertindo com macacos

Harry Harlow (nascido Harry Israel) nasceu em 31 de outubro de 1905, em Fairfield, Iowa. Inicialmente, Israel frequentou a Reed College no Oregon, mas transferiu-se para a Universidade Stanford com esperanças de se especializar em inglês. Em 1930, agora adotando o sobrenome Harlow, Harry formou-se na Universidade Stanford com um bacharelado e um doutorado em psicologia.

Após a formatura, Harlow começou a dar aulas na Universidade de Wisconsin-Madison e no espaço de um ano criou o Laboratório de Psicologia de Primatas, que se fundiu com o Laboratório Regional de Primatas do Wisconsin em 1964. Harlow tornou-se diretor do centro de pesquisa, onde conduziria muitos de seus mais importantes e polêmicos experimentos.

O enfoque do trabalho de Harlow estava no amor, e na época ele questionava a então popular teoria do apego que afirmava que o amor derivava do fato de a mãe alimentar o bebê e, em seguida, era aplicado a outros membros da família por extensão.

Em 1957, Harlow começou seu agora famoso — e infame — trabalho com macacos rhesus para mostrar os efeitos do amor. Além de provocar grande impacto no campo da psicologia, a pesquisa desempenharia também papel fundamental nas abordagens adotadas pelas instituições de acolhimento de crianças, como orfanatos, grupos de serviços sociais, agências de adoção e provedores de cuidados infantis, no que se refere aos cuidados com as crianças.

Embora Harlow estudasse o amor, seus envolvimentos amorosos foram bastante complicados. Casou-se com a primeira esposa (que havia sido sua aluna) em 1932. Ele e a esposa tiveram dois filhos e se divorciaram em 1946. Nesse mesmo ano, Harlow casou-se com uma psicóloga infantil com quem teria outros dois filhos. A segunda esposa de Harlow morreu em 1970, após uma longa batalha contra o câncer, e, em 1971, Harlow voltou a se casar com sua primeira esposa. Após a morte de sua segunda esposa, ele lutou contra a depressão e o alcoolismo e afastou-se de seus filhos. Harry Harlow morreu em 6 de dezembro de 1981.

Os muitos louvores a Harry Harlow

Harry Harlow recebeu muitos prêmios e honrarias durante a vida, incluindo:

- Chefe do Setor de Pesquisa de Recursos Humanos do Ministério do Exército dos Estados Unidos (1950-1952).
- Chefe da Divisão de Antropologia e Psicologia do Conselho Nacional de Pesquisa (1952-1955).
- Medalha Howard Crosby Warren (1956).
- Presidente da Associação Americana de Psicologia (1958-1959).
- Medalha Nacional de Ciências (1967).
- Medalha de Ouro da Fundação Americana de Psicologia (1973).

EXPERIMENTOS COM MACACOS RHESUS

Harlow discordava da ideia de que a relação inicial entre mãe e filho era simplesmente baseada em aliviar a sede, obter comida e evitar a dor. Utilizando filhotes de macacos rhesus, ele criou experimentos para tentar descrever e classificar o amor. Na verdade, os filhotes de macacos rhesus são mais maduros do que os bebês humanos, e, de forma semelhante a seus equivalentes humanos, conseguem expressar uma série de emoções e precisam ser cuidados.

Em um de seus experimentos mais famosos, Harlow criou duas "mães" para serem escolhidas pelos filhotes de macacos rhesus. Ele tirou os jovens macacos de suas mães apenas algumas horas depois do nascimento e imediatamente colocou-os com duas mães artificiais. Uma "mãe" era feita de veludo macio, mas não tinha alimento para os filhotes e a outra "mãe" era feita de arame e tinha uma garrafa com alimentos presa a ela.

Harlow observou que os filhotes de macacos só passavam com a mãe de arame o tempo necessário para pegar uma quantidade suficiente de comida, e não ficavam muito mais, mas gostavam de afagar e ficar mais tempo com a mãe de veludo. Seus resultados comprovaram que os macacos não seguiam simplesmente suas necessidades fisiológicas e que o vínculo entre mãe e bebê podia não ser simplificado como apenas resultante da amamentação.

Em seguida, Harlow separou os macacos em dois grupos: um grupo passaria o tempo somente com a mãe de veludo e o outro passaria o tempo apenas com a mãe de arame. Em ambos os grupos os macacos beberam a mesma quantidade e cresceram na mesma proporção. No entanto, houve grandes diferenças de comportamento entre os dois grupos, que Harlow concluiu serem resultantes de um apego emocional dos macacos à mãe de veludo, que os macacos com a mãe de arame não demonstraram.

Quando objetos e barulhos assustavam os macacos da mãe de veludo, eles corriam para ela em busca de segurança e faziam contato até se acalmarem. No entanto, quando os macacos da mãe de arame se assustavam, caíam no chão, balançavam-se para a frente e para trás, seguravam-se uns aos outros e gritavam. Harlow observou que estes últimos comportamentos se assemelhavam aos de crianças autistas e espelhavam as ações de adultos que haviam sido confinados em instituições psiquiátricas.

Harlow avançou nesses experimentos com práticas ainda mais desumanas. Em um esforço para ver se o "antes tarde do que nunca" se mostrava verdadeiro, Harlow colocou os filhotes de macaco rhesus em completo isolamento durante os primeiros oito meses de vida. Isso significou nenhum contato com outros macacos ou com qualquer tipo de mãe substituta. Esses testes deixaram os macacos com danos emocionais significativos. Após testar vários períodos em que os macacos poderiam ficar sem mãe, Harlow concluiu que a privação materna poderia de fato ser revertida, mas somente se durasse menos de noventa dias para os macacos, ou até seis meses para os humanos.

O IMPACTO DO TRABALHO DE HARLOW

Embora seu trabalho fosse controverso e considerado desumano pelos padrões de hoje, a pesquisa de Harry Harlow foi extremamente importante e deixou grande impacto na criação de filhos, cuidados infantis, agências de adoção, orfanatos e serviços sociais.

Harlow conseguiu demonstrar com provas irrefutáveis que o amor era vital no desenvolvimento de uma criança normal e que a privação poderia levar a graves danos emocionais. Seu trabalho foi fundamental no desenvolvimento de tratamentos para crianças que sofreram abuso e negligência, e também mostrou que, em se tratando do bem-estar emocional e mental de uma criança, a adoção era uma opção muito superior às instituições de cuidados infantis.

JEAN PIAGET (1896-1980)
O desenvolvimento das crianças

Jean Piaget nasceu em 9 de agosto de 1896, em Neuchâtel, na Suíça, filho de um professor de literatura medieval e uma mãe que, mais tarde, Piaget recordaria como neurótica, cujo comportamento acabaria por atiçar seu interesse pelo campo da psicologia.

Após o ensino médio, Piaget obteve o doutorado em ciências naturais pela Universidade de Neuchâtel. Quando passou um semestre na Universidade de Zurique, ficou muito interessado em psicanálise e logo se mudou para a França. Foi no período em que trabalhou em uma instituição para meninos criada por Alfred Binet que ele começou a realizar estudos experimentais sobre o desenvolvimento da mente. Antes do trabalho de Piaget em desenvolvimento cognitivo, a crença comum era a de que os adultos simplesmente se mostravam pensadores mais competentes do que as crianças. Durante seu trabalho no Instituto Binet, Piaget ficou interessado nas razões apresentadas pelas crianças quando respondiam de forma incorreta a perguntas de raciocínio lógico. Piaget criou então um estudo sistemático do desenvolvimento cognitivo, e se tornaria o primeiro a fazê-lo.

Em 1923, casou-se com Valentine Châtenay, com quem teve três filhos. Piaget — que já estava fascinado pelo crescimento mental e emocional — começou informalmente a estudar o desenvolvimento de seus filhos. Essas observações levariam a um de seus trabalhos mais importantes e famosos: os estágios do desenvolvimento cognitivo.

Com mais de sessenta livros e várias centenas de artigos publicados, Jean Piaget deixou sua marca não apenas no campo da psicologia, como também na educação, na sociologia, na economia, no direito e na epistemologia. Jean Piaget morreu em 16 de setembro de 1980.

TEORIA DE PIAGET SOBRE O DESENVOLVIMENTO COGNITIVO

Quando Piaget começou a trabalhar em sua teoria do desenvolvimento cognitivo, havia algumas diferenças muito grandes entre o que ele fazia e o que havia sido feito no passado:

- Em vez de concentrar-se em todos os alunos, Piaget colocou seu foco nas crianças.
- A teoria de Piaget não discute o aprendizado de um comportamento específico ou a aprendizagem de informações; na verdade, sua teoria trata do desenvolvimento geral.
- Em vez da noção comum de que o desenvolvimento cognitivo era gradual e a quantidade de comportamentos aumentava e ficava mais complexa, Piaget propôs uma série de estágios distintos que eram evidenciados por diferenças qualitativas.

Piaget acreditava que, em vez de menos competentes do que os adultos, as crianças nasciam, na verdade, com uma estrutura mental básica que é o resultado da genética e da evolução, e que o conhecimento e a aprendizagem derivam dessa estrutura. A partir desse pressuposto, Piaget tentou explicar processos e mecanismos que bebês e crianças desenvolvem e acabam levando-os a pensar com a razão e com o uso de hipóteses. Piaget acreditava que as crianças criam uma compreensão de seu ambiente e vivenciam discrepâncias entre o que já é conhecido e o que será descoberto. Sua teoria do desenvolvimento cognitivo pode ser dividida em três componentes diferentes:

1. **Esquemas:** os esquemas são os componentes básicos, ou unidades, de construção do conhecimento. Cada esquema refere-se a uma parte do mundo, como ações, objetos e conceitos. Cada esquema é uma série de representações interligadas do mundo que são utilizadas para entender e responder a uma situação específica. Por exemplo, se um pai mostra uma imagem de um cachorro a seu filho, a criança criará um esquema do que é um cão: ele tem quatro patas, uma cauda e orelhas.

Se uma criança consegue explicar o que vê com os esquemas existentes, isso é conhecido como estado de equilíbrio, ou equilíbrio mental.

Os esquemas são armazenados de modo que possam ser aplicados mais tarde. Por exemplo, uma criança pode formar um esquema sobre como pedir comida em um restaurante e, assim, da próxima vez que estiver em um restaurante, ela conseguirá aplicar o que aprendeu para essa situação nova e semelhante.

Piaget também afirmava que alguns esquemas são geneticamente programados nas crianças, tal como o impulso de um bebê de chupar coisas.

2. **Processos que permitem fazer a transição de um estágio para outro:** Piaget acreditava que o crescimento intelectual resultava da adaptação e da necessidade de sempre estar em estado de equilíbrio. A adaptação do conhecimento ocorre de duas maneiras:

    - **Assimilação:** utilizar um esquema que já existe e aplicá-lo a uma nova situação.
    - **Acomodação:** mudar um esquema existente para receber novas informações.

    Para entender melhor como a assimilação e a acomodação funcionam, podemos analisar a situação anteriormente mencionada de um pai que mostra ao seu filho a imagem de um cão. A criança tem agora um esquema do que é um cachorro: quatro patas, uma cauda, orelhas etc. Quando a criança se aproxima de um cão verdadeiro, ela agora se vê diante de novas características que originalmente não faziam parte de seu esquema. O cão é peludo; o cão lambe; o cão pode latir. Por não fazerem parte do esquema original, há um desequilíbrio e a criança começa a construir significado. Quando os pais confirmam que essa informação também é um cão, a assimilação ocorre e o equilíbrio é recuperado na medida em que a criança incorpora essa informação no esquema original.

    Contudo, e se a criança vir um gato? O gato tem algumas características semelhantes às de um cão; no entanto, é um animal diferente. Ele mia, tem a capacidade de escalar e se move e age de forma diferente da de um cão. Em consequência de ver um gato, a criança é colocada em desequilíbrio e deve acomodar essa nova informação. Um novo esquema é formado e a criança retorna a um estado de equilíbrio.

3. **Estágios de desenvolvimento:** Piaget acreditava que a cognição se desenvolve em quatro estágios. Esses estágios ocorrem em todas as crianças e seguem exatamente a mesma ordem, não importando a cultura da criança ou a parte do mundo em que ela vive; no entanto, algumas crianças podem nunca chegar aos estágios mais avançados.

    - **Sensório-motor (0 a 2 anos)**
      Esse estágio centra-se na permanência do objeto, quando a criança chega à conclusão de que os objetos continuam a existir mesmo quando não são vistos ou ouvidos por ela.
    - **Pré-operatório (2 a 7 anos)**
      Esse estágio centra-se no egocentrismo, ou seja, de 2 a 7 anos, as crianças não são capazes de compreender o ponto de vista dos outros.

- **Operações concretas (7 a 11 anos)**
  Esse estágio centra-se no conservadorismo, ou seja, as crianças ainda não são capazes de compreender conceitos abstratos ou hipotéticos, mas conseguem começar a pensar logicamente sobre fatos concretos.
- **Operações formais (11 anos em diante)**
  Esse estágio centra-se na capacidade da criança de manipular ideias na própria cabeça, ou pensar de forma abstrata. Durante esse estágio surgem o raciocínio dedutivo, o pensamento lógico e o planejamento sistemático.

CRÍTICAS DA TEORIA DE PIAGET

A maior parte das críticas se refere aos métodos de pesquisa de Piaget. Além dos próprios três filhos, as outras crianças que Piaget utilizou em seus estudos eram de um nível socioeconômico mais elevado, o que significa que uma grande amostra da população não foi usada, tornando os resultados difíceis de generalizar. Alguns estudos também não concordam com a afirmação de Piaget de que as crianças passam automaticamente de estágio para estágio, e muitos psicólogos acreditam que os fatores ambientais também desempenham papel fundamental.

Por último, os pesquisadores acreditam que Piaget realmente subestimou as habilidades das crianças, e que já a partir de 4 ou 5 anos elas são muito menos egocêntricas do que Piaget afirmava e possuem uma compreensão muito mais sofisticada dos processos cognitivos. Não obstante, as hipóteses de Piaget marcaram o início de um novo foco sobre os mecanismos do desenvolvimento intelectual na infância e serviram como elemento básico importante para muitas das teorias que surgiram desde então — mesmo aquelas que refutam suas conclusões.

ALBERT BANDURA (1925-)
Aprender pela observação dos outros

Albert Bandura nasceu em 4 de dezembro de 1925, na pequena cidade de Mundare, no Canadá. O pai de Bandura colocava trilhos para a ferrovia trans-Canadá e sua mãe trabalhava em um armazém-geral na cidade.

Bandura frequentou a única escola em sua cidade — que empregava apenas dois professores — e, como resultado, teve de tomar a própria iniciativa quanto à educação. Após o ensino médio, entrou na Universidade da Colúmbia Britânica. Embora originalmente matriculado em ciências biológicas, ele se deparou com o tema da psicologia em virtude do acaso. Como chegou à universidade muito mais cedo do que o início das aulas, decidiu frequentar "cursos extras" para passar o tempo. Um dia, após folhear o catálogo de cursos, acabou escolhendo um de psicologia.

Em 1949, Bandura formou-se pela Universidade da Colúmbia Britânica em apenas três anos, com especialização em psicologia, e fez pós-graduação na Universidade de Iowa, onde também obteria o grau de Ph.D. Após concluir o doutorado em 1952, Bandura recebeu a oferta de um cargo de professor na Universidade Stanford, onde continua a ministrar aulas até hoje.

Bandura é mais conhecido por sua teoria de aprendizagem social, que mostrava que nem todo comportamento era impulsionado por recompensas ou reforços, como afirmava o behaviorismo. Em lugar disso, ele apresentou uma visão alternativa e um pouco mais nuançada sobre as pressões sociais que contribuem para os comportamentos aprendidos — uma abordagem mais moderna que ainda é valorizada.

TEORIA DA APRENDIZAGEM SOCIAL

Uma das teorias da aprendizagem mais influentes em psicologia, a teoria da aprendizagem social de Albert Bandura, de 1977, afirma que, em vez de o comportamento adquirido ser estritamente uma questão de recompensas ou reforços, pode ser provocado por meio de aprendizagem observacional. Bandura afirma que as pessoas assimilam o modo como devem se comportar com base no comportamento das pessoas ao redor.

Todos estão cercados por modelos que podem ser observados, sejam dos pais, dos colegas, dos professores, sejam até dos personagens de um programa de televisão. Esses modelos fornecem comportamentos tanto masculinos quanto femininos que podem ser observados ou codificados e, mais tarde, imitados ou copiados. Uma pessoa provavelmente imitará um comportamento de alguém com quem ela sente ter mais semelhança. Em geral, isso significa uma pessoa do mesmo sexo. Existem três conceitos principais da teoria da aprendizagem social de Bandura:

1. **Uma pessoa pode aprender comportamento por meio de observação:** pode ser de um modelo vivo (uma pessoa real que mostra determinado comportamento), um modelo verbal que fornece instruções (uma explicação ou descrição de um comportamento específico) ou um modelo simbólico (comportamentos retratados em livros, televisão e cinema).
2. **O estado mental é um aspecto importante para a aprendizagem:** embora o reforço do ambiente constitua um aspecto da aprendizagem de um comportamento, ele não é o único. Satisfação, orgulho e sentimentos de realização são exemplos do que Bandura chamou de reforço intrínseco ou interno. Em outras palavras, os pensamentos internos podem desempenhar um papel importante no aprendizado de um comportamento.
3. **Aprender não significa que um comportamento necessariamente mudará:** os behavioristas acreditavam que aprender um comportamento levava a uma mudança permanente no comportamento do indivíduo. Bandura mostra que com a aprendizagem por observação uma pessoa pode apreender a nova informação sem ter de demonstrar esse comportamento. Em contrapartida, só porque um comportamento é observado não significa que ele será aprendido. Para a aprendizagem social ser um sucesso, há certos requisitos:

- **Atenção:** para aprender, deve-se prestar atenção, e qualquer coisa que diminua a atenção afetará negativamente a aprendizagem por observação.
- **Retenção:** uma pessoa deve ser capaz de armazenar a informação e, mais tarde, conseguir recuperar e utilizar essa mesma informação.
- **Reprodução:** depois de prestar atenção e reter a informação, o comportamento observado tem de ser reproduzido. A prática pode levar a um aperfeiçoamento do comportamento.

- **Motivação:** a última parte de aprender com sucesso um comportamento observado é que a pessoa deve estar motivada para imitar o comportamento. Nesse momento, o reforço e a punição entram em cena. Se um comportamento observado for reforçado, a pessoa pode querer reproduzir essa resposta, enquanto, se um comportamento observado for punido, a pessoa pode ser motivada a não copiar essa ação.

O EXPERIMENTO DO JOÃO BOBO

Para mostrar que as crianças observam e imitam comportamentos ao seu redor, Bandura criou o famoso experimento do João Bobo.

Na condução de seu experimento, Bandura constatou que as crianças que assistiam a modelos agressivos geralmente imitavam muito mais as reações em relação ao João Bobo do que as crianças no grupo de controle ou as crianças no grupo que assistia a modelos não agressivos.

Ele também constatou que as meninas que assistiam ao modelo agressivo expressavam mais oralmente as reações agressivas quando o modelo era uma mulher, e reações fisicamente agressivas quando o modelo era um homem. Os meninos imitavam atos fisicamente agressivos mais do que as meninas, e imitavam mais o modelo do mesmo sexo do que as meninas.

Por meio do experimento do João Bobo, Bandura conseguiu demonstrar com sucesso que as crianças aprendiam um comportamento social, no caso agressão, assistindo ao comportamento de outra pessoa. Com o experimento do João Bobo, Bandura pôde refutar uma noção fundamental do behaviorismo que afirma que todo comportamento é o resultado de recompensas e reforço.

EXPERIMENTO — REALIZAÇÃO DO EXPERIMENTO DO JOÃO BOBO

1. Esse experimento utiliza 36 meninos e 36 meninas com faixa etária entre 3 e 6 anos.
2. O controle para o experimento é um subgrupo de doze meninos e doze meninas.
3. Os modelos no experimento são um homem adulto e uma mulher adulta.
4. Um grupo de 24 meninos e meninas assiste a um homem ou mulher que atacam de forma agressiva um brinquedo chamado "João Bobo". Entre outras coisas, eles batem no boneco com um martelo e jogam-no no ar enquanto gritam coisas como "paf, bum" e "Toma um soco no nariz!".

5. Outro grupo de 24 meninos e meninas fica exposto a um modelo que não é agressivo em relação ao João Bobo.
6. Por último, o grupo de controle não é exposto a nenhum modelo.

CARL ROGERS (1902-1987)
Ajudar os outros a se ajudarem

Carl Rogers nasceu em 8 de janeiro de 1902, em Oak Park, Illinois, em uma rígida família protestante. Quando adolescente, ele e sua família mudaram-se para Glen Ellen, também em Illinois, onde Rogers se interessou por agricultura. Em 1919, começou a frequentar a Universidade de Wisconsin, onde decidiu se especializar em agricultura. Mais tarde mudaria sua especialização para história e em seguida, mais uma vez, para religião.

Durante o primeiro ano na Universidade de Wisconsin, Rogers e dez outros alunos foram escolhidos para participar de uma conferência internacional da juventude cristã na China por seis meses. A partir dessa viagem, Rogers começou a questionar sua escolha de carreira. Após a formatura em 1924, matriculou-se no Union Theological Seminary, mas se transferiu para a Teachers College, na Universidade Columbia, em 1926. Foi na Teachers College que Rogers teve seus primeiros cursos em psicologia.

Após obter o doutorado em psicologia, Rogers trabalhou na Universidade Estadual de Ohio, na Universidade de Chicago e na Universidade de Wisconsin. Quando trabalhava na Universidade de Wisconsin, Rogers desenvolveu uma das contribuições mais significativas para o campo da psicologia: a terapia centrada no cliente. Acreditando que o cliente ou paciente é, em última instância, o responsável pela própria felicidade, Rogers mudou o papel do terapeuta de um simples técnico para alguém capaz de guiar o cliente para a felicidade. O terapeuta teria de incorporar a empatia, a congruência e a consideração positiva. Além disso, Rogers criou a ideia de "autoconceito", que fornecia uma descrição de como um paciente via a si mesmo e como a terapia conseguiria mudar essa visão.

Hoje o trabalho de Rogers passaria a fazer parte da "psicologia humanista". Suas ideias sobre como a psicologia deveria funcionar estavam centradas menos no diagnóstico e mais em como a pessoa poderia ajudar a si mesma, com o objetivo final de se tornar o que Rogers chamou de "pessoa plenamente atuante". Carl Rogers morreu em 4 de fevereiro de 1987.

AUTORREALIZAÇÃO

Carl Rogers rejeitava as afirmações do behaviorismo (que alegava que o comportamento era o resultado de condicionamento) e da psicanálise (centrada nos fatores inconscientes e biológicos), estabelecendo em seu lugar a teoria de que uma pessoa se comporta de determinada maneira em função da forma como percebe uma situação e que somente as próprias pessoas é que podem saber como percebem as coisas.

Rogers acreditava que as pessoas têm uma única motivação básica: a propensão para a autorrealização.

> **Definições Médicas**
>
> **AUTORREALIZAÇÃO:** quando uma pessoa cumpre o seu potencial e se torna plenamente atuante, atingindo o mais alto nível de "ser humano".
>
> **"EU" IDEAL:** o que a pessoa gostaria de ser. Isso inclui objetivos e ambições, e está sempre mudando.

Em sua forma mais elementar, a autorrealização pode ser entendida por meio da metáfora de uma flor. Uma flor depende de seu meio ambiente e somente sob as condições certas conseguirá crescer e atingir seu pleno potencial.

Certamente, os seres humanos são muito mais complexos do que flores. Nós nos desenvolvemos conforme nossas personalidades. Carl Rogers postulava que as pessoas eram inerentemente boas e criativas, e só se tornavam destrutivas quando restrições externas ou um autoconceito ruim suplantava o processo de valorização. Rogers afirmava que uma pessoa com autoestima elevada, que chegou perto de atingir o seu "eu" ideal, seria capaz de enfrentar os desafios que encontra na vida, aceitar a infelicidade e o fracasso, sentir-se confiante e positiva sobre si mesma e estar aberta aos outros. Para alcançar uma autoestima elevada e um grau de autorrealização, Rogers achava que a pessoa devia atingir um estado de congruência.

CONGRUÊNCIA

Se o "eu" ideal de uma pessoa é semelhante ou coerente com a sua experiência real, então ela está vivendo em um estado de congruência.

Quando há uma diferença entre o "eu" ideal de alguém e sua experiência real, isso é conhecido como incongruência.

É muito raro uma pessoa sentir um estado de plena congruência; porém, Rogers afirma que alguém tem maior senso de valor e é mais congruente quando a autoimagem (como a pessoa se vê) se aproxima do "eu" ideal que está buscando. Como as pessoas querem ver a si mesmas de forma compatível com sua autoimagem, podem começar a usar mecanismos de defesa como a repressão ou a negação para se sentir menos ameaçadas por sentimentos que possam ser considerados indesejáveis.

Roger também enfatizava a importância de outras pessoas em nossa vida, acreditando que as pessoas precisam sentir que são vistas positivamente pelos outros, pois todo mundo possui um desejo inerente de ser respeitado, valorizado, amado e tratado com carinho. Rogers dividiu sua ideia de consideração positiva em dois tipos:

1. **Consideração positiva incondicional:** quando as pessoas são amadas e respeitadas pelo que são, especialmente por seus pais, outras pessoas importantes e seu terapeuta. Esse sentimento deixa a pessoa sem medo de tentar coisas novas e de cometer erros, mesmo que as consequências desses erros não sejam boas. Quando alguém consegue se autorrealizar, geralmente recebe consideração positiva incondicional.
2. **Consideração positiva condicional:** quando as pessoas recebem consideração positiva não porque são amadas e respeitadas pelo que são, mas porque se comportam da maneira que os outros consideram correta. Por exemplo, quando os filhos recebem aprovação dos pais porque se comportam da maneira que eles querem. Alguém que sempre busca a aprovação dos outros provavelmente sentiu uma consideração positiva condicional quando estava crescendo.

INCONGRUENTE **CONGRUENTE**

Autoimagem "Eu" ideal   Autoimagem "Eu" ideal

A autoimagem é diferente do "eu" ideal. Há somente uma pequena sobreposição. Aqui a autorrealização será difícil.

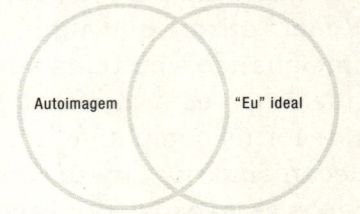

A autoimagem é semelhante ao "eu" ideal. Há mais sobreposição. Essa pessoa pode se autorrealizar.

ILUSTRAÇÃO VISUAL DA CONGRUÊNCIA

ABRAHAM MASLOW (1908-1970)
Foco no potencial humano

Abraham Maslow nasceu em 1º de abril de 1908, no Brooklyn, em Nova York. Ele era o mais velho dos sete filhos de imigrantes russos judeus. Maslow afirmou mais tarde que foi uma criança tímida, solitária e infeliz e que lembrava ter passado grande parte de sua juventude na biblioteca, imerso em seus estudos.

Maslow começou a estudar direito na Faculdade da Cidade de Nova York, mas logo se transferiu para a Universidade de Wisconsin, onde passou a fazer cursos de psicologia. Nessa universidade, Harry Harlow, famoso por seus experimentos com macacos rhesus, tornou-se mentor de Maslow e atuou como orientador em seu doutorado. Maslow obteve na Universidade de Wisconsin todos os seus três graus em psicologia: o bacharelado em 1930, o mestrado em 1931 e o doutorado em 1934. Ele continuou depois os seus estudos de psicologia na Universidade Columbia, onde encontrou mais um mentor em Alfred Adler, pai do complexo de inferioridade.

Em 1937, assumiu um cargo de professor na Brooklyn College (onde permaneceria até 1951). Nessa época, Maslow encontrou mais dois mentores no psicólogo da Gestalt Max Wertheimer e na antropóloga Ruth Benedict. Maslow tinha tamanha admiração por essas duas pessoas, profissional e pessoalmente, que começou a estudar o comportamento delas. Isso deu início ao interesse de Maslow pelo potencial humano e pela saúde mental, e lançou as bases de suas contribuições mais importantes para a psicologia.

Na década de 1950, tornou-se um dos fundadores e líder da psicologia humanista. Em vez de colocar o foco na doença ou no anormal, Maslow preocupava-se com a saúde mental positiva. A fundação da psicologia humanista levou à criação de vários tipos de terapias diferentes com base na ideia de que as pessoas têm o potencial de curar a si mesmas utilizando a terapia, e que o terapeuta devia agir como guia e ajudar a remover os obstáculos para que o paciente pudesse alcançar todo o seu potencial.

Abraham Maslow talvez seja mais conhecido por sua hierarquia de necessidades, um marco do pensamento e do ensino da psicologia moderna, que sugere que as pessoas são motivadas a satisfazer uma série de necessidades que começam com as muito básicas e passam para as mais avançadas.

De 1951 a 1969, Maslow foi professor na Universidade Brandeis e, em 1969, mudou-se para a Califórnia para trabalhar no Instituto Laughlin. Em 8 de junho de 1970, com 62 anos, Abraham Maslow sofreu um ataque cardíaco e morreu.

HIERARQUIA DE NECESSIDADES

Em 1943, Abraham Maslow apresentou pela primeira vez ao mundo sua hierarquia de necessidades, que é mais frequentemente expressa na forma de uma pirâmide. De acordo com Maslow, as necessidades desempenham papel importante na motivação para uma pessoa se comportar de determinada maneira. Quanto mais essencial é uma necessidade, mais baixa ela está na pirâmide, e, quanto mais complexa a necessidade, mais no alto. As necessidades na parte inferior da pirâmide são mais físicas e na parte superior se tornam mais psicológicas e sociais. Para subir na pirâmide, os níveis precisam ser preenchidos de baixo para cima. As necessidades são as seguintes:

Fisiológicas

As necessidades fisiológicas são aquelas consideradas mais essenciais e vitais para a sobrevivência. Todas as outras necessidades são secundárias, a menos que as necessidades desta categoria estejam atendidas. Elas incluem a necessidade de comida, água, ar, sono, homeostase e reprodução sexual.

Segurança

As necessidades de segurança e proteção também são importantes para a sobrevivência, mas não são tão fundamentais como as necessidades fisiológicas. Esse nível do modelo inclui necessidades como segurança pessoal — por exemplo, uma casa e uma vizinhança segura —, segurança financeira, saúde e alguma forma de rede de segurança para proteção contra acidentes, como um seguro de vida.

Amor e relacionamento

As necessidades de amor e relacionamento, também conhecidas como necessidades sociais, incluem um desejo de pertencer, ser amado, sentir-se aceito e não ser solitário. Essas necessidades são menos essenciais que as dos primeiros dois níveis e podem ser satisfeitas por meio de amizades, relacionamentos amorosos e família, bem como por se envolver em grupos e organizações religiosas, sociais ou comunitárias.

Estima

Todo mundo tem necessidade de ser respeitado e valorizado pelos outros, e de ter uma sensação de estar contribuindo para o mundo. Ter autoestima elevada e respeito dos outros pode levar à confiança, enquanto a baixa autoestima e a falta de respeito dos outros podem levar a sentimentos de inferioridade. Uma forma se sentir valorizado e ter autoestima elevada é participar de atividades profissionais, equipes esportivas e passatempos, e por meio de realizações acadêmicas.

Autorrealização

Na parte superior do modelo de Maslow encontra-se a necessidade de autorrealização ou a necessidade de realizar plenamente o seu potencial. Em outras palavras, uma pessoa deve se transformar em tudo aquilo o que é capaz de se tornar. Todos os outros níveis do modelo de Maslow devem ser preenchidos antes que se possa alcançar esse nível. Embora a necessidade de autorrealização seja ampla, ela é aplicada de maneira muito específica. Por exemplo, uma pessoa poderia desejar ser o melhor pintor possível ou ser um pai ideal.

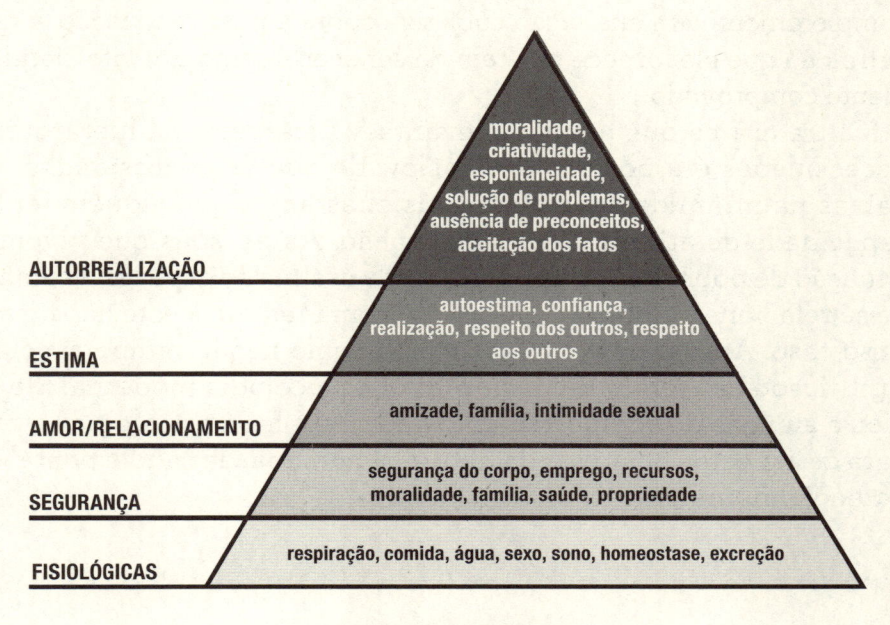

HIERARQUIA DE MASLOW

- **AUTORREALIZAÇÃO**: moralidade, criatividade, espontaneidade, solução de problemas, ausência de preconceitos, aceitação dos fatos
- **ESTIMA**: autoestima, confiança, realização, respeito dos outros, respeito aos outros
- **AMOR/RELACIONAMENTO**: amizade, família, intimidade sexual
- **SEGURANÇA**: segurança do corpo, emprego, recursos, moralidade, família, saúde, propriedade
- **FISIOLÓGICAS**: respiração, comida, água, sexo, sono, homeostase, excreção

Diferentes tipos de necessidades

Maslow identificou diferentes variedades de necessidades, bem como diferentes níveis. As necessidades de deficiência, ou necessidades D, são aquelas que surgem da privação (como as necessidades de segurança, necessidades sociais, necessidades de estima e necessidades fisiológicas). Trata-se das necessidades de nível mais baixo e devem ser satisfeitas a fim de evitar sentimentos ou consequências desagradáveis. As necessidades de crescimento, também conhecidas como necessidades de ser ou necessidades S, são aquelas que surgem a partir de um desejo de crescer como ser humano. Elas não são resultantes da privação.

CRÍTICAS DA HIERARQUIA DE NECESSIDADES DE MASLOW

A hierarquia de necessidades tem recebido seu quinhão de críticas. A principal é a de que o método utilizado por Maslow para determinar as características da autorrealização tem sido questionado. Maslow utilizou análise biográfica, um método qualitativo no qual pesquisou a biografia e os escritos de 21 pessoas consideradas por ele como realizadas e a partir desse grupo específico criou sua lista de qualidades.

Isso significa que a definição de Maslow de autorrealização baseia-se completamente em sua visão subjetiva sobre a autorrealização, e que a definição que ele fornece não tem de ser aceita como um fato cientificamente comprovado.

Outra crítica que tem sido levantada a respeito da hierarquia de necessidades é a posição de Maslow de que as necessidades mais baixas na pirâmide devem ser satisfeitas antes que alguém tenha a capacidade de atingir a autorrealização. As pessoas que vivem em situação de pobreza, por exemplo, ainda assim são capazes de amar ou de se relacionar, embora — de acordo com Maslow — este não devesse ser o caso. Apesar das críticas, não há como negar a importância e o significado de Abraham Maslow para a psicologia moderna. Ele desviou a atenção do comportamento anormal e fez a psicologia se voltar para os aspectos positivos da natureza humana, da saúde mental e do potencial humano.

TEORIAS DA INTELIGÊNCIA
Pensar sobre o pensar

O assunto inteligência ainda é um dos mais polêmicos na psicologia porque nunca houve consenso sobre o que realmente é a inteligência. Enquanto alguns acreditam que seja uma única habilidade, outros acreditam que a inteligência seja uma variedade de talentos, habilidades e capacidades. No entanto, a maioria concorda que a inteligência inclui a capacidade de uma pessoa pensar racionalmente, resolver problemas, compreender as normas sociais, os costumes e os valores, analisar situações, aprender com a experiência, lidar com as demandas da vida e pensar com a razão.

Mesmo hoje, os psicólogos discordam se a inteligência pode ou não ser medida com precisão. Ao olhar para a inteligência, os psicólogos tentam responder às seguintes perguntas:

- A inteligência é herdada?
- O ambiente afeta a inteligência?
- A inteligência envolve uma variedade de competências e habilidades ou é apenas uma habilidade?
- Os testes de Q.I. são tendenciosos?
- As pontuações desses testes servem de indicadores para alguma coisa?

Existem muitas teorias que tentam explicar a inteligência. Algumas das principais incluem:

Inteligência geral

O psicólogo britânico Charles Spearman apresentou o conceito de inteligência geral, ou "fator g", em 1904. Spearman acreditava que existia uma inteligência geral que influenciava a capacidade mental e que esse "fator g" poderia ser medido com um único número de um teste de capacidade mental. Ele constatou que as pessoas que apresentavam um bom desempenho em um teste cognitivo também apresentavam bons desempenhos em outros testes de capacidade mental, e aquelas com desempenho fraco em um teste também mostravam fraco desempenho nos outros. Assim,

Spearman concluiu que a inteligência é uma capacidade cognitiva geral que pode ser medida e expressa como um número.

Habilidades mentais primárias

O psicólogo Louis L. Thurstone acreditava que existiam sete "habilidades mentais primárias" que determinavam a inteligência. Essas habilidades incluíam: raciocínio, compreensão verbal, habilidade numérica, velocidade de percepção, fluência de palavras, visualização espacial e memória associativa.

Inteligências múltiplas

A teoria das inteligências múltiplas do psicólogo Howard Gardner afirma que uma expressão numérica não é uma representação exata da inteligência humana. Em sua teoria, Gardner sugere que na verdade existem oito inteligências distintas que se baseiam em competência e habilidade, e que as pessoas podem ser mais fortes em algumas dessas inteligências e mais fracas em outras. São elas: inteligência visual/espacial (a capacidade de visualizar coisas), inteligência linguística/verbal (a capacidade de usar palavras na escrita e na fala), inteligência lógica/matemática (a capacidade de analisar logicamente um problema, reconhecer padrões e o uso da razão), inteligência corporal/sinestésica (a capacidade de controle físico e de movimentar o corpo), inteligência musical (a capacidade de pensar em ritmos, sons e padrões), inteligência interpessoal (a capacidade de entender e reagir com os outros), inteligência intrapessoal (estar ciente dos próprios sentimentos, das próprias emoções e motivações) e inteligência naturalista (a capacidade de estar em sintonia com a natureza, explorar seu ambiente e aprender mais sobre outras espécies).

Teoria triárquica da inteligência

A teoria triárquica da inteligência do psicólogo Robert Sternberg afirma que há três fatores diferentes que compõem a "inteligência bem-sucedida". Os fatores são os seguintes: inteligência analítica (habilidades que se referem à solução de problemas), inteligência criativa (a capacidade de lidar com situações novas usando competências atuais e experiência do passado) e inteligência prática (a capacidade de se ajustar a um ambiente que está mudando).

UMA CRONOLOGIA DO TESTE DE INTELIGÊNCIA

Existem tantos métodos diferentes de testar a inteligência quanto existem interpretações sobre o que seria realmente a inteligência. Ao longo do tempo, os testes de inteligência (conhecidos como instrumentos) evoluíram e ficaram padronizados.

Alfred Binet (1905)

Em 1905, o psicólogo francês Alfred Binet foi contratado pelo governo francês para desenvolver um teste que avaliasse a inteligência das crianças. O governo francês tinha acabado de aprovar leis que exigiam que todas as crianças na faixa etária de 6 a 14 anos passassem a frequentar a escola e por isso encomendou um teste para ver se as crianças precisariam de assistência especial.

Binet e seu colega Theodore Simon criaram uma série de perguntas que se concentravam em coisas fora da escola, incluindo memória, atenção e a capacidade de resolver problemas.

Binet concluiu que algumas crianças conseguiam responder às perguntas que eram mais avançadas e foram concebidas para crianças mais velhas, enquanto outras crianças que tinham a mesma idade só conseguiam responder a perguntas destinadas a crianças mais novas. A partir dessas constatações, Binet criou o conceito de idade mental: a medida da inteligência que é a capacidade média das crianças de determinada idade. A Escala Binet-Simon tornou-se o primeiro teste de inteligência e é a base do que é utilizado hoje.

O Teste de Inteligência Stanford-Binet (1916)

Quando a Escala Binet-Simon foi trazida para os Estados Unidos, o psicólogo Lewis Terman da Universidade Stanford padronizou e utilizou-a em uma amostra norte-americana. A versão adaptada, conhecida como Escala de Inteligência Stanford-Binet, foi publicada em 1916.

Nesse teste, um único número — o quociente de inteligência, ou Q.I. — era utilizado para representar a pontuação de uma pessoa. O Q.I. é calculado tomando a idade mental da pessoa e dividindo-a pela sua idade cronológica e, em seguida, multiplicando o resultado por 100.

Testes "Army Alfa" e "Army Beta" (1917)

No início da Primeira Guerra Mundial, havia um número extremamente grande de recrutas do exército. Para fazer a triagem de uma quantidade tão grande de pessoas, o psicólogo Robert Yerkes (presidente da APA e responsável pela Comissão de Exame Psicológico de Recrutas) criou dois testes de inteligência: o "Army Alfa" e o "Army Beta". Mais de 2 milhões de homens fizeram os exames em um esforço para determinar que cargos e funções poderiam assumir.

As Escalas de Inteligência Wechsler (1955)

Em 1955, o psicólogo norte-americano David Wechsler criou um novo teste de inteligência, a Escala Wechsler de Inteligência Adulta (Wechsler Adult Intelligence Scale — WAIS). Desde então ela foi modificada e é conhecida como WAIS-III.

Ele também criou testes para crianças: a Escala de Inteligência Wechsler da Pré-Escola e do Ensino Primário (*Wechsler Preschool and Primary Scale of Intelligence* — WPPSI) e a Escala de Inteligência Wechsler para Crianças (*Wechsler Intelligence Scale for Children* — WISC).

Enquanto o teste Stanford-Binet tem pontuação com base na idade mental e psicológica, a Escala Wechsler de Inteligência Adulta tem pontuação baseada nos pontos do indivíduo em comparação com pessoas do mesmo grupo etário. A pontuação média é 100. O método de pontuação apresentado no WAIS é agora o método padrão em testes de Q.I.

O significado de sua pontuação de Q.I.

No Teste de Inteligência Stanford-Binet:
- abaixo de 19: retardo mental profundo.
- 20-49: retardo mental grave.
- 50-69: retardo mental moderado.
- 70-79: retardo mental leve.
- 80-89: limítrofe.
- 90-109: médio ou normal.
- 110-119: superior.
- 120-139: muito superior.
- acima de 140: gênio ou quase gênio.

Na Escala de Inteligência Wechsler para Crianças:
- abaixo de 69: inteligência extremamente baixa.
- 70-79: limítrofe.
- 80-89: média-baixa.
- 90-109: média.

- 110-119: média-alta.
- 120-129: superior.
- acima de 130: extremamente superior.

KURT LEWIN (1890-1947)
O pai da psicologia social moderna

Kurt Lewin nasceu em 9 de setembro de 1890, em Mogilno, na Prússia (atual Polônia), em uma família judia de classe média. Em 1909, Lewin entrou na Universidade de Freiberg para estudar medicina; no entanto, em seguida, transferiu-se para a Universidade de Munique, onde decidiu estudar biologia.

Em 1910, Lewin começou a frequentar a Universidade de Berlim para obter seu doutorado em filosofia e psicologia; e, em 1914, formou-se em psicologia. Depois disso, Lewin entrou na Primeira Guerra Mundial trabalhando na divisão de infantaria. Ele lutou na guerra por quatro anos, até ser ferido em ação.

Em 1917, casou-se com uma professora primária, Maria Landsberg. O casamento duraria apenas dez anos, mas eles tiveram dois filhos juntos. Então, em 1929, Lewin casou-se com Gertrud Weiss, com quem teria mais dois filhos.

Kurt Lewin começou a lecionar no Instituto de Psicologia da Universidade de Berlim, nas disciplinas de psicologia e filosofia, em 1921. Ele era extremamente popular entre os alunos e um prolífico escritor. Em 1930, foi convidado pela Universidade Stanford para ser professor visitante. Lewin acabou imigrando para os Estados Unidos, tornando-se cidadão naturalizado em 1940.

Quando os Estados Unidos entraram na Segunda Guerra Mundial, Lewin utilizou sua pesquisa para ajudar no esforço de guerra e atuou como consultor para o governo norte-americano. Em 1944, Lewin criou a Comissão de Inter-relações Comunitárias (*Commission on Community Interrelations* — CCI), centrada na luta contra a discriminação racial e religiosa, e criou o Centro de Pesquisa de Dinâmica de Grupo no MIT com foco no estudo de grupos e de como os grupos afetavam o comportamento de um indivíduo.

Kurt Lewin é considerado o pai da psicologia social moderna. Ele foi um dos primeiros psicólogos a utilizar métodos científicos e experimentação para examinar comportamentos sociais. Durante sua vida, publicou oito livros e mais de oitenta artigos.

Em 12 de fevereiro de 1947, Kurt Lewin sofreu um ataque cardíaco e morreu. Ele estava com 57 anos.

TEORIA DE CAMPO DE LEWIN

Lewin inspirou-se na psicologia da Gestalt e também foi muito influenciado pela teoria de campo de Albert Einstein, que afirmava que os objetos interagem continuamente com a gravidade e o eletromagnetismo. Ele tentou aplicar a ideia de Einstein para a psicologia, e postulou que o comportamento era o resultado do indivíduo interagindo o tempo todo com o ambiente.

Lewin acreditava que o comportamento era determinado pela totalidade da situação de uma pessoa, e passou a se referir à soma desses fatores coexistentes como um "campo". De acordo com a teoria de Lewin, uma pessoa se comportará de forma diferente de acordo com a maneira como são trabalhadas as tensões percebidas entre o "eu" e o ambiente. Para que se pudesse entender plenamente o comportamento de uma pessoa, havia necessidade de analisar todo o campo psicológico, fosse a escola, o trabalho, a igreja, fosse a família —, a que Lewin se referia como "espaço vital".

A teoria de campo de Lewin exerceu enorme influência na psicologia social e ajudou a popularizar a ideia de que o comportamento é causado pela interação entre o ambiente e as características do indivíduo.

ESTILOS DE LIDERANÇA

Em 1939, Kurt Lewin esteve à frente de um grupo de pesquisadores para estudar diferentes tipos de estilos de liderança. Embora a quantidade de estilos de liderança tenha sido expandida desde então, Lewin e seu grupo identificaram originalmente três tipos: autoritário, democrático e liberal (*laissez-faire*). Para o estudo, crianças do ensino fundamental foram colocadas em três grupos com um líder que correspondia a um dos três tipos de liderança. Lewin e seu grupo de pesquisadores estudaram, então, as reações das crianças enquanto o líder as orientava em um projeto de arte.

Liderança autoritária ou autocrática

Os líderes autoritários dão explicações claras sobre o que tem de ser feito, quando deve ser feito e como deve ser feito. Esse tipo de líder toma decisões com pouca ou nenhuma contribuição de outras pessoas no grupo e, em consequência, há uma divisão evidente entre o líder e aqueles que o seguem.

Lewin constatou que sob a orientação de um líder autoritário havia menos criatividade na tomada de decisão. Caso abuse de seu poder na liderança autoritária, o líder geralmente é visto como mandão, ditatorial e controlador. Um líder autoritário é melhor para situações em que o líder é o indivíduo mais experiente no grupo ou quando há pouquíssimo tempo para a tomada de decisões em grupo. Lewin também observou que é mais difícil passar para uma liderança democrática a partir de uma liderança autoritária do que de uma liderança democrática para uma liderança autoritária.

Liderança democrática ou participativa

Os resultados de Lewin mostraram que a liderança democrática era o estilo mais eficaz. Os líderes democráticos participam do grupo, permitem as contribuições dos outros e oferecem orientação. Lewin constatou que as crianças desse grupo foram menos produtivas do que as crianças do grupo autoritário, mas que suas contribuições foram de qualidade superior. Embora os líderes democráticos tenham a palavra final na tomada de decisão, outros membros do grupo são incentivados a participar, fazendo-os se sentir mais engajados e motivados no processo, e resultando em maior criatividade.

Liderança liberal ou que delega

Em uma liderança liberal (*laissez-faire*), o líder tem uma atitude de não interferência e deixa toda a tomada de decisão para o grupo. Lewin constatou que esse tipo de estilo de liderança era o menos produtivo. Ele observou que as crianças colocadas nesse grupo exigiam mais do líder, não conseguiam trabalhar de maneira independente e mostravam pouquíssima cooperação. Se os membros do grupo são altamente qualificados em áreas específicas, um tipo liberal de liderança pode ser eficaz; entretanto, na maior parte das vezes, isso leva a uma falta de motivação dos membros do grupo e a funções mal definidas.

O foco de Kurt Lewin no comportamento do indivíduo em relação ao seu ambiente — e não às experiências do passado — foi um trabalho pioneiro e ele é considerado por muitos como um dos pais fundadores da psicologia social. Sua incorporação aos princípios da Gestalt, a compreensão de influências situacionais e o trabalho em dinâmicas de grupo e liderança tiveram grande impacto na forma como os psicólogos tratam e entendem o comportamento social.

CARL JUNG (1875-1961)
Introversão, extroversão e o inconsciente

Carl Jung nasceu em 26 de julho de 1875, em Kesswil, na Suíça. Filho de um pastor, Jung foi a única criança de quatro irmãos a sobreviver. A mãe de Jung lutou contra a depressão e sempre estava ausente de casa até a família se mudar para Basel, quando Jung tinha 4 anos.

Jung contou que quando criança preferia ficar isolado e que se sentia mais feliz quando estava sozinho. Em 1887, com 12 anos, Jung foi jogado ao chão por um colega de classe e ficou inconsciente. Em consequência desse incidente, ele começou a sofrer episódios de desmaio neurótico. Embora logo tivesse percebido que os desmaios lhe permitiam não ir à escola, esses eventos não eram falsos, e sim resultantes de neuroses. Por seis meses Jung ficou em casa e os médicos chegaram a temer que ele estivesse com epilepsia. Um dia, Jung ouviu o pai conversando com alguém sobre como temia que Carl nunca mais fosse capaz de se sustentar. A partir daquele dia, Jung decidiu tentar entrar para a universidade. Antes de retornar aos estudos, ele ainda sofreu desmaios, mas, no final, conseguiu superar o problema e voltar à escola. Ele nunca mais precisou enfrentar esses episódios de desmaios. Mais tarde na vida, lembrou-se de que essa foi a primeira vez em que se deparou com a neurose.

Em 1895, Carl Jung entrou na Universidade de Basel para estudar medicina. Um dia, descobriu um livro sobre fenômenos espíritas. Jung ficou tão intrigado com o assunto e a psiquiatria, que nos últimos meses de seus estudos desviou a atenção da medicina para essa especialidade. Para ele, a psiquiatria era a combinação perfeita da medicina com a espiritualidade. Em 1902, Jung concluiu sua dissertação de doutorado, *Sobre a psicologia e a patologia dos assim chamados fenômenos ocultos* e formou-se em medicina.

Em 1903, Jung casou-se com Emma Rauschenbach e começou a trabalhar no Hospital Psiquiátrico Burgholzli. Embora ele e a esposa tivessem permanecido casados até a morte dela em 1955, Jung teve casos com outras mulheres, incluindo um relacionamento de um ano com sua primeira paciente do Hospital Psiquiátrico Burgholzli.

Em 1906, Jung começou a se corresponder com Sigmund Freud. Ele enviou para Freud um conjunto de sua obra, intitulado *Estudos sobre associação de palavras*, e os dois logo se tornaram bons amigos. A amizade de Jung com Freud teria impacto profundo sobre o seu trabalho, especialmente em seu interesse na mente inconsciente. No entanto, a partir de 1909, Jung começou a discordar de algumas das ideias de Freud. Enquanto Freud enfatizava o sexo como a motivação por trás do comportamento, Jung passou a ficar mais interessado em símbolos, sonhos e autoanálise. Em 1912, a amizade se rompeu.

Como Jung rejeitou a teoria sobre sexo de Freud, a comunidade psicanalítica voltou-se contra Carl Jung, que rompeu com vários colegas e amigos. Foi durante esse período que Jung se dedicou a explorar seu subconsciente e a criar a psicologia analítica.

Jung acreditava que o propósito de todas as pessoas na vida era ter o consciente e o inconsciente plenamente integrados, de modo que pudessem se transformar no seu "verdadeiro eu". Ele chamou isso de "individuação".

Jung também passou a se interessar pelo que se referia como "psicologia primitiva", e estudou diferentes culturas na Índia, na África Oriental e entre os índios Pueblo no Novo México. Em 6 de junho de 1961, Carl Jung morreu em Zurique.

Definições Médicas

INDIVIDUAÇÃO: ao ouvir as mensagens encontradas dentro da imaginação desperta e nos sonhos, uma pessoa consegue entender, expressar e harmonizar as muitas partes de sua psique exclusiva para alcançar seu "verdadeiro eu". Segundo Jung, dentro do inconsciente de cada um estão imagens primordiais, que ele chamou de "arquétipos", que são reflexos de temas e padrões universais. Essas imagens primordiais não são aprendidas e atuam de modo semelhante aos instintos, e ajudam a organizar nossas experiências.

ARQUÉTIPOS

Do mesmo modo que Freud, Jung acreditava que a psique humana era composta por três partes, embora sua concepção fosse um pouco diferente da de Freud. Jung acreditava que a psique poderia ser dividida em ego, inconsciente coletivo e inconsciente pessoal. Jung afirmava que o ego era uma representação da mente consciente, que o inconsciente coletivo continha experiências e informações que todos nós compartilhamos como espécie — que ele acreditava ser uma forma de herança psicológica

— e que o inconsciente pessoal continha lembranças, tanto as disponíveis quanto as suprimidas.

Jung afirmava que os arquétipos, ou imagens primordiais que refletem padrões em comum, existem no inconsciente coletivo e ajudam a organizar a forma como uma pessoa experimenta coisas particulares. Os arquétipos não são aprendidos, são, na verdade, hereditários, universais e inatos. Eles podem se combinar e se sobrepor, e, embora não haja limite para a quantidade de arquétipos possíveis, Jung reconheceu quatro de fundamental importância:

1. **O *self*:** esse arquétipo representa a união do consciente com o inconsciente e é simbólico de uma luta por unidade e totalidade. Isso ocorre por meio da individuação, quando cada parte da personalidade de um indivíduo é expressa igualmente e o indivíduo tem uma psique mais equilibrada. O *self* é muitas vezes representado em sonhos como um círculo, mandala ou quadrado.
2. **A sombra:** esse arquétipo é composto por instintos relativos à vida e ao sexo e é constituído por fraquezas, desejos, carências e ideias reprimidas. O arquétipo sombra faz parte da mente inconsciente e pode representar o desconhecido, o caos e a impetuosidade. A sombra pode aparecer em sonhos como uma serpente, um dragão, um demônio ou qualquer outra figura sombria, exótica ou selvagem.
3. ***Anima* ou *animus*:** na psique masculina, a *anima* é uma imagem feminina e, na psique feminina, o *animus* é uma imagem masculina. Quando a *anima* e o *animus* se unem, isso é chamado de "sizígia". A sizígia cria a totalidade, e um exemplo óbvio de sizígia é quando duas pessoas determinam que são almas gêmeas, unindo assim a *anima* com o *animus*. A sizígia também é conhecida como casal divino e representa a integralidade, a unificação e um sentimento de completude. Por esse motivo, a *anima* e o *animus* são representativos do "verdadeiro eu" de uma pessoa e são a principal fonte de comunicação com o inconsciente coletivo.
4. **A *persona*:** é como uma pessoa se apresenta para o mundo. A *persona* protege o ego de imagens negativas e pode aparecer em sonhos de muitas formas diferentes. A *persona* é uma representação das várias máscaras que uma pessoa usa em situações e em diferentes grupos de pessoas.

Dentre outros arquétipos reconhecidos por Jung estão o pai (representativo de autoridade e poder), a mãe (representativo de conforto e carinho), o filho (representativo de um desejo por inocência e salvação) e o velho sábio (representativo da sabedoria, orientação e conhecimento).

Relação de Carl Jung com os Alcoólicos Anônimos

No início da década de 1930, um homem conhecido como Rowland H. reuniu-se com Jung em busca de ajuda para seu grave alcoolismo. Após várias sessões sem mostrar nenhuma melhora, Jung considerou a doença de Rowland sem solução e declarou que a única maneira para o homem encontrar alívio seria por meio de uma experiência espiritual. Jung sugeriu um grupo cristão evangélico conhecido como Grupo Oxford. Rowland aceitou o conselho e apresentou outro alcoólatra conhecido como Ebby T. ao grupo. Ebby foi extremamente bem-sucedido no Grupo Oxford e convidou um velho amigo de bebedeiras, conhecido apenas como Bill W. para ingressar no grupo. Bill W. teve o próprio despertar espiritual e se tornaria um dos fundadores dos Alcoólicos Anônimos. Em 1961, Bill W. escreveu uma carta para Carl Jung agradecendo-lhe.

Carl Jung é considerado o fundador da psicologia analítica, que aborda a psicanálise pela compreensão do inconsciente e do desejo de um indivíduo de se tornar um todo. As ideias de Jung sobre extroversão, introversão, sonhos e símbolos foram extremamente influentes para a psicoterapia e a compreensão da psicologia da personalidade.

HENRY MURRAY (1893-1988)
Traços de personalidade

Henry Murray nasceu em 13 de maio de 1893, na cidade de Nova York, em uma família rica. Em 1915, formou-se em licenciatura em história na Universidade Harvard. Em seguida, entrou para a College of Physicians and Surgeons da Universidade Columbia, onde obteve seu mestrado em biologia. Foi em Columbia que Murray começou a se interessar por psicologia.

Murray ficou fascinado com o trabalho de Carl Jung e, em 1925, encontrou-se com ele em Zurique. Murray contou que os dois conversaram por horas, foram velejar, fumaram, e que esse encontro o levou realmente a sentir o seu inconsciente. Foi a partir desse encontro com Jung que Murray decidiu seguir formalmente uma carreira em psicologia.

Henry Murray logo se tornou um instrutor na Clínica de Psicologia de Harvard por solicitação de Morton Prince, seu fundador. Em 1937, Murray foi nomeado diretor da clínica. Com sua ampla experiência médica e formação analítica, Murray trouxe um toque exclusivo para o trabalho que vinha fazendo, centrado na personalidade e no inconsciente.

Em 1938, Henry Murray deixou Harvard para ajudar no esforço de guerra e foi convidado a desenvolver um perfil psicológico de Adolf Hitler. No mesmo ano, Murray criou o, agora famoso, Teste de Apercepção Temática (TAT), com o objetivo de determinar a motivação inconsciente e as características da personalidade. Durante a Segunda Guerra Mundial, Murray criou e dirigiu o Escritório de Serviços Estratégicos, que avaliava a aptidão psicológica do pessoal de campo das agências de inteligência norte-americana.

Murray voltou para a Universidade Harvard em 1947 e, em 1948, ajudou a criar o Anexo Clínico Psicológico. Em 1962, tornou-se professor emérito na Universidade Harvard. Em 23 de junho de 1988, Henry Murray morreu de pneumonia. Ele estava com 95 anos.

TEORIA DAS NECESSIDADES PSICOGÊNICAS DE MURRAY

Em 1938, Henry Murray apresentou sua teoria das necessidades psicogênicas. Essa teoria descreve a personalidade como o resultado das necessidades básicas que são encontradas principalmente em nível inconsciente. Os dois tipos básicos de necessidades são:

1. **Necessidades primárias:** necessidades biológicas como comida, água e oxigênio.
2. **Necessidades secundárias:** necessidades psicológicas, que incluem as de realização, de receber carinho ou de ser independente.

Além disso, Murray e seus colegas identificaram 27 necessidades que ele afirmava que todas as pessoas tinham (embora cada um as tenha em graus diferentes). Essas necessidades são:

- **Submissão:** necessidade de aceitar punição e de render-se.
- **Realização:** necessidade de ter sucesso e de ser capaz de superar obstáculos.
- **Aquisição:** necessidade de obter posses.
- **Afiliação:** necessidade de fazer amizades e relações.
- **Agressão:** necessidade de prejudicar os outros.
- **Autonomia:** necessidade de manter-se forte e resistir aos outros.
- **Evitação da culpa:** necessidade de obedecer às regras e evitar a culpa.
- **Construção:** necessidade de criar e construir.
- **Contrariação:** necessidade de ser único.
- **Reação a ameaças:** necessidade de defender a honra.
- **Defesa:** necessidade de justificar as ações.
- **Deferência:** necessidade de servir ou seguir alguém que é superior.
- **Dominância ou poder:** necessidade de liderar outras pessoas e de controlar.
- **Exibição:** necessidade de atrair a atenção.
- **Exposição:** necessidade de ensinar e dar informações.
- **Evitação de danos:** necessidade de evitar a dor.
- **Evitação de mostrar fraquezas:** necessidade de esconder pontos fracos e evitar a vergonha ou o fracasso.
- **Amparo:** necessidade de proteger aqueles que são indefesos.
- **Ordem:** necessidade de organizar, arrumar e ser cuidadoso.

- **Brincadeira:** necessidade de se divertir, relaxar e aliviar a tensão ou estresse.
- **Reconhecimento:** necessidade de obter status social e aprovação, exibindo as realizações.
- **Rejeição:** necessidade de rejeitar os outros.
- **Sensibilidade:** necessidade de desfrutar de experiências sensoriais.
- **Sexo ou erótica:** necessidade de criar e desfrutar de uma relação erótica.
- **Similaridade:** necessidade de empatia com os outros.
- **Cuidado:** necessidade de obter simpatia ou proteção.
- **Entendimento ou conhecimento:** necessidade de fazer perguntas, buscar conhecimento, analisar e ter experiências.

Murray acreditava que cada necessidade individual era importante, mas que as necessidades também podiam respaldar outras, estar inter-relacionadas ou estar em conflito com várias outras necessidades. Segundo Murray, a forma como essas necessidades são mostradas em nosso comportamento é, em parte, decorrente de fatores ambientais, aos quais ele se referiu como "pressões".

TESTE DE APERCEPÇÃO TEMÁTICA

O Teste de Apercepção de Temática de Murray tenta tocar no inconsciente do paciente, avaliar padrões de pensamento e revelar a personalidade e as reações emocionais, mostrando para uma pessoa várias imagens ambíguas, porém provocativas, e fazendo-as contar uma história sobre o que veem na imagem. As linhas básicas do teste são as seguintes:

1. Fazer o participante olhar para uma imagem por alguns instantes.
2. Com base na imagem, instruir o participante a narrar uma história e incluir:
   - O que conduziu à situação apresentada?
   - O que está acontecendo naquele exato momento?
   - O que os personagens na imagem estão pensando e sentindo?
   - Como a história termina?

O teste envolve 31 imagens que mostram homens, mulheres, crianças, figuras de gênero ambíguo, figuras não humanas e uma imagem completamente em branco.

As histórias são gravadas e analisadas com base em atitudes, necessidades e padrões de reação subjacentes. Os dois métodos mais comuns de pontuação formal são o Manual de Mecanismos de Defesa (também conhecido como DMM), que avalia negação, projeção e identificação, e a Escala de Cognição Social e de Relação com o Objeto (também conhecida como SCORS), que analisa diferentes dimensões da psique em seu ambiente.

ANÁLISE DE ADOLF HITLER FEITA POR MURRAY

Em 1943, Murray foi contratado pelas Forças Aliadas para ajudá-las a entender o perfil psicológico de Adolf Hitler. Murray concluiu que o tipo de personalidade de Hitler era o daquelas pessoas que guardavam rancores, apresentavam tendência de menosprezar, culpar e intimidar, tinham baixa tolerância às críticas, não gostavam de piadas, não conseguiam expressar gratidão, buscavam vingança e tinham elevada demanda por atenção. Murray também afirmou que faltava a Hitler qualidades de uma personalidade equilibrada e que ele tinha uma autoconfiança e uma vontade própria extremamente fortes. Por fim, Murray supôs corretamente que, se a Alemanha perdesse a guerra, Hitler se mataria de maneira bastante dramática e, em consequência, temia que ele pudesse se transformar em mártir.

O trabalho de Henry Murray sobre necessidades psicogênicas e compreensão da personalidade foi extremamente importante porque, além do inconsciente, ele também enfatizou fatores biológicos. O seu Teste de Apercepção Temática é usado até hoje.

CÉREBRO DIREITO E ESQUERDO

Pensamentos dos dois lados

Os lados direito e esquerdo do cérebro têm funções específicas e são responsáveis por diferentes tipos de pensamento. O mais interessante é que esses dois lados do cérebro têm a capacidade de funcionar praticamente de maneira independente um do outro. Em psicologia, isso é chamado de lateralização da função cerebral.

No início dos anos 1960, o psicólogo Roger Sperry começou a conduzir experimentos em pacientes com epilepsia. Sperry descobriu que, cortando a estrutura responsável pela conexão e pela comunicação entre os hemisférios direito e esquerdo do cérebro, conhecido como corpo caloso, as convulsões podiam ser reduzidas ou até eliminadas.

Uma vez cortado o corpo caloso, os pacientes — que originalmente pareciam normais — começavam a sentir outros sintomas estranhos. Muitos pacientes descobriram que conseguiam dar o nome de objetos que haviam sido processados pelo hemisfério esquerdo do cérebro, mas não conseguiam mais dar o nome de objetos que foram processados pelo hemisfério direito. A partir disso, Sperry deduziu que o hemisfério esquerdo do cérebro era responsável por controlar a linguagem. Outros pacientes tiveram dificuldade com a habilidade de montar blocos de forma previamente combinada.

Sperry conseguiu demonstrar com sucesso que os hemisférios direito e esquerdo do cérebro eram responsáveis por diferentes funções e que cada hemisfério também tinha a capacidade de aprender.

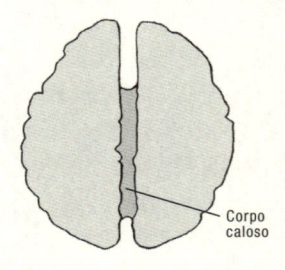

Corpo caloso

DIVISÃO EM CÉREBRO DIREITO E CÉREBRO ESQUERDO

Em 1981, Roger Sperry foi agraciado com o Prêmio Nobel por seu trabalho em lateralização cerebral.

DOMÍNIO DO CÉREBRO DIREITO
O hemisfério direito do cérebro, responsável pelo lado esquerdo do corpo, é mais hábil em tarefas vinculadas à expressão e à criação — também conhecidas como tarefas de construção visual. Trata-se de tarefas como expressar e ler emoções, compreender metáforas, discriminar formas (por exemplo, pegar um objeto que está camuflado), copiar desenhos e compor música.

DOMÍNIO DO CÉREBRO ESQUERDO
O hemisfério esquerdo do cérebro, responsável pelo lado direito do corpo, é mais hábil em realizar tarefas como linguagem, pensamento crítico, raciocínio lógico e uso de números.

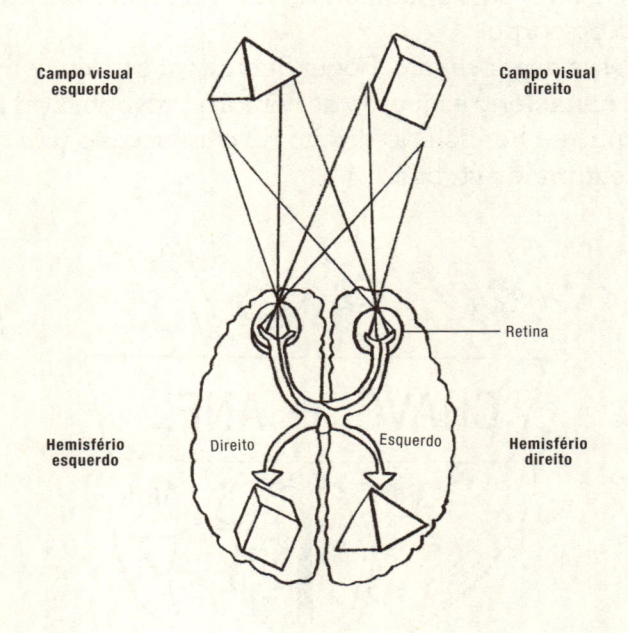

EXEMPLO DETALHADO DA DIVISÃO EM CÉREBRO DIREITO E ESQUERDO

OS EXPERIMENTOS SOBRE A DIVISÃO DO CÉREBRO

Nos experimentos sobre a divisão do cérebro, Roger Sperry posicionou um paciente com cérebro dividido (alguém com um corte no corpo caloso) sentado diante de uma tela que escondia suas mãos. Por trás dessa tela, Sperry colocou objetos que o paciente não podia ver.

O paciente, então, centrava os olhos no meio da tela e aparecia uma palavra dentro do campo visual esquerdo. Essa informação era recebida pelo hemisfério direito do cérebro (a parte não verbal). O resultado foi que o paciente realmente não conseguiu dizer para Sperry a palavra que havia visto.

Sperry, então, pedia ao paciente para usar a mão esquerda e procurar por trás da tela o objeto correspondente à palavra. Embora o paciente não tivesse consciência de sequer estar vendo uma palavra, conseguia escolher o objeto correto, pois o hemisfério direito controla o movimento do lado esquerdo do corpo.

Por meio desse experimento, Roger Sperry conseguiu demonstrar com sucesso que o hemisfério esquerdo do cérebro é responsável por controlar a fala e a leitura, e o hemisfério direito do cérebro não tem a capacidade de processar estímulos verbais.

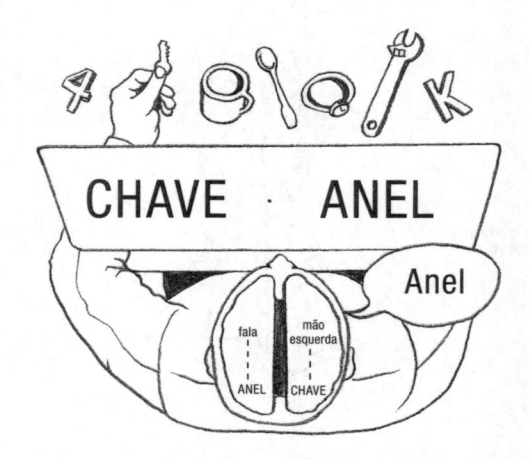

VISUALIZAÇÃO DO EXPERIMENTO DO CÉREBRO DIVIDIDO

Então eu conheço meu lado dominante... E agora?

Entender em que hemisfério você tem maior domínio pode realmente ser muito útil quando se trata de pensar nas melhores maneiras de abordar o estudo ou a aprendizagem. Por exemplo, caso tenha mais domínio com seu hemisfério direito, você pode ter mais dificuldade em seguir instruções verbais, e pode se beneficiar com sua melhor capacidade organizacional ou de escrever instruções.

AMOR
Ouvir seu coração

O amor pode ser uma das emoções humanas mais complexas, mas possivelmente a mais central também. Existem muitas teorias diferentes a respeito do amor, e, embora os psicólogos concordem que o amor seja uma emoção humana central, eles ainda não têm certeza do porquê exatamente ele acontece, ou como. Atualmente, existem quatro teorias principais que tentam explicar o amor, o apego emocional e o gostar.

ESCALAS DE GOSTAR E DE AMAR DE RUBIN

O psicólogo Zick Rubin foi uma das primeiras pessoas a criar um método para medir empiricamente o amor. Rubin acreditava que o amor romântico era composto por três elementos: apego, carinho e intimidade.

- **Apego:** necessidade de estar com outra pessoa e receber cuidados. Os componentes importantes do apego incluem a aprovação e o contato físico.
- **Carinho:** valorizar a felicidade e as necessidades da outra pessoa, tanto quanto você valoriza a sua própria.
- **Intimidade:** comunicar seus desejos, seus sentimentos e suas crenças pessoais.

Rubin desenvolveu, então, dois questionários para medir esses elementos. Segundo Rubin, a diferença entre gostar de alguém e amar alguém pode ser vista na forma como avaliamos a outra pessoa. As perguntas de Rubin foram concebidas para medir os sentimentos de gostar de outra pessoa e amar outra pessoa e, em seguida, esses resultados eram comparados. Ao apresentar o questionário para um grupo de participantes, Rubin lhes disse para basear suas respostas em como se sentiam a respeito de um bom amigo e como se sentiam a respeito do companheiro ou da companheira. Ele constatou que, enquanto as pontuações sobre bons amigos eram altas na escala de gostar, somente as pontuações com respeito aos companheiros ou às companheiras tiveram classificação elevada na escala de amar. Assim, Rubin conseguiu medir com sucesso os sentimentos de amor.

O AMOR APAIXONADO E COMPASSIVO DE ELAINE HATFIELD

A psicóloga Elaine Hatfield afirmava que havia apenas duas formas de amor: apaixonado e compassivo.

- **Amor apaixonado:** sentimentos de intensa excitação sexual, atração, afeição, emoção e forte desejo de estar com o outro. O amor apaixonado tende a ser de vida curta, durando de seis a trinta meses, mas pode levar ao amor compassivo.
- **Amor compassivo:** sentimentos de apego, respeito, confiança, afeição e compromisso. O amor compassivo é mais duradouro do que o amor apaixonado.

Hatfield também diferenciou amor correspondido, que leva a sentimentos de euforia e realização, de amor não correspondido, que leva a sentimentos de desespero e desesperança. Ela acreditava que havia certos fatores fundamentais que precisariam existir para a ocorrência do amor apaixonado e compassivo. São eles:

- **Momento certo:** quando um indivíduo está pronto para se apaixonar.
- **Similaridade:** uma pessoa apresenta a tendência de se apaixonar perdidamente por um indivíduo que é semelhante a si mesma.
- **Estilos de apego desde o início:** os relacionamentos mais longos e profundos ocorrem geralmente com pessoas que são fortemente apegadas entre si, enquanto pessoas que se apaixonam ou deixam de amar com frequência geralmente não possuem forte apego ou conexão.

OS SEIS ESTILOS DE AMOR DE JOHN LEE

John Lee acreditava que os diferentes estilos do amor eram semelhantes às regras do cinturão cromático (roda das cores). Do mesmo modo que o cinturão cromático apresenta três cores primárias, Lee acreditava que o amor podia ser dividido em três estilos básicos primários. São eles:

- **Eros:** amar o ideal de uma pessoa tanto física quanto emocionalmente.
- **Ludus:** tipo de amor praticado como um jogo ou conquista (e pode resultar em muitos parceiros ao mesmo tempo).
- **Storge:** amor que resulta de uma amizade ao longo do tempo.

Assim como as cores primárias de um cinturão cromático podem ser combinadas e criar cores complementares, o mesmo pode ocorrer com os estilos primários de amor. O resultado são três estilos secundários de amor:

- **Mania:** combinação de Eros e Ludus, a Mania é um estilo de amor obsessivo. Isso envolve altos e baixos emocionais, ciúmes e sentimentos muito possessivos.
- **Pragma:** combinação de Ludus e Storge, Pragma é um amor prático. Os amantes entram na situação com a esperança de alcançar seu objetivo final. As expectativas da relação são pensadas de forma prática e realista.
- **Ágape:** combinação de Eros e Storge, Ágape é um amor abrangente e altruísta.

TEORIA TRIANGULAR DO AMOR DE ROBERT STERNBERG

Nessa teoria de 2004, Robert Sternberg propôs que o amor poderia ser dividido em três partes: intimidade, paixão e compromisso.

- **Intimidade:** proximidade, apoiando um ao outro, compartilhando um com o outro e se sentindo amado.
- **Paixão:** sentimentos de excitação e atração sexual, e euforia. Isso é o que mantém dois indivíduos juntos.
- **Compromisso:** desejo de permanecer leal a outra pessoa e ficar em um relacionamento de longo prazo.

A partir desses três componentes podem ser criadas sete combinações diferentes. A maneira mais fácil de entender isso é analisando como se fosse um triângulo. No triângulo, intimidade, paixão e compromisso seriam os vértices e as sete combinações são as conexões entre esses vértices.

Uma forma alternativa de apresentar essas combinações é a seguinte:

	INTIMIDADE	PAIXÃO	COMPROMISSO
Sem amor			
Amizade/Gostar	X		
Paixão/Estar apaixonado		X	
Amor vazio			X
Amor romântico	X	X	
Amor companheiro	X		X
Amor insensato		X	X
Amor consumado	X	X	X

VISUALIZAÇÃO DA TEORIA DO AMOR DE STERNBERG

- **Gostar ou amizade:** representa uma amizade em que há proximidade e forte ligação, mas sem paixão ou compromisso presente.
- **Paixão ou estar apaixonado:** ocorre com uma pessoa quando ela sente um "amor à primeira vista". Como não há compromisso ou intimidade, a paixão pode ser passageira.
- **Amor vazio:** quando um amor perdeu a intimidade e a paixão, mas ainda há forte compromisso entre as duas pessoas.
- **Amor romântico:** o amor romântico apresenta intimidade e paixão, significando que há excitação sexual e ligação emocional, mas há falta de compromisso.
- **Amor companheiro:** tipo de amor em que a paixão não existe ou não existe mais, mas ainda há um grande compromisso e profundo afeto de um pelo outro. Esse tipo de amor é encontrado entre membros da família, amigos íntimos e pode até ser encontrado em casamentos.
- **Amor insensato:** tipo de amor que só apresenta paixão e compromisso, mas falta intimidade. Um exemplo de amor insensato é um casamento breve ou impulsivo.
- **Amor consumado:** forma ideal de amor e apresenta intimidade, paixão e compromisso. Sternberg afirmava que, uma vez alcançado o amor consumado, seria ainda mais difícil mantê-lo e ele poderia não ser permanente. Se, por exemplo, a paixão se perder com o passar do tempo, então o amor consumado se transformaria em amor companheiro.

Durante o tempo de vida de um relacionamento, Sternberg acredita que o equilíbrio entre intimidade, paixão e compromisso se altera.

A compreensão sobre os três componentes do amor e os sete tipos pode ajudar os casais a identificar o que precisa ser melhorado, o que devem evitar e até mesmo quando poderia ser o momento de terminar o relacionamento.

KAREN HORNEY (1885-1952)
Mulheres, neuroses e ruptura com Freud

Karen Horney (nascida Karen Danielsen) nasceu em 16 de setembro de 1885, na vila de pescadores de Blankenese, na Alemanha. O pai de Horney, um capitão de navio, foi um homem rigoroso e muito religioso, que diversas vezes ignorava Horney e parecia gostar mais do seu irmão mais velho, Berndt, do que dela.

Com 9 anos, Karen desenvolveu uma paixão por esse irmão. Quando ele rejeitou seus sentimentos, ela entrou em depressão, contra a qual lutaria ao longo de toda a vida. Karen se via como uma garota pouco atraente e acreditava que ter um bom desempenho na escola seria a melhor opção para ter sucesso na vida.

Em 1906, com 29 anos, Karen entrou em medicina na Medical School da Universidade de Freiburg. Passados três anos, ela se casou com um estudante de direito chamado Oscar Horney; e de 1910 a 1916, tiveram três filhas. Horney transferiu-se primeiro para a Universidade de Gottingen, antes de finalmente se formar pela Universidade de Berlim, em 1913. Em um mesmo ano, os pais de Horney morreram e ela teve sua primeira filha. Para lidar com suas emoções, começou a ver Karl Abraham, um psicanalista discípulo de Freud. Abraham acabaria se tornando mentor de Horney na Sociedade Psicanalítica de Berlim.

Em 1920, Horney começou a trabalhar como professora nessa mesma instituição. Em 1923, o irmão de Horney morreu, o que foi extremamente difícil para ela, levando-a a outra crise de depressão. Em 1926, Horney se separou do marido e, em 1930, ela e suas três filhas mudaram-se para os Estados Unidos, onde acabaram morando em uma parte judeu-alemã do Brooklyn, em Nova York. Foi enquanto morava ali que Horney se tornou amiga dos famosos psicólogos Erich Fromm e Harry Stack Sullivan.

Horney logo se tornou diretora adjunta do Instituto de Psicanálise de Chicago, onde começou a trabalhar em sua obra mais importante: suas teorias sobre neuroses e personalidade. Passados dois anos, voltou para Nova York e trabalhou no Instituto de Psicanálise de Nova York e na New School for Social Research. Embora Horney tivesse começado a contestar a obra de Sigmund Freud enquanto ainda vivia na Alemanha, ao ir para os Estados Unidos, sua oposição em relação ao trabalho de Freud cresceu tanto que em 1941 foi forçada a se demitir do Instituto de Psicanálise de Nova York. Então, ela se estabeleceu no Instituto Americano de Psicanálise nesse mesmo ano. Horney publicou seus livros *A personalidade neurótica do nosso tempo* (Bertrand, s/d), em 1937, e *Conheça-se a si mesmo* (Bertrand, 1991), em 1942.

Karen Horney talvez seja mais conhecida por seu trabalho sobre neuroses, por discordar e romper com as opiniões de Sigmund Freud sobre as mulheres e por provocar um interesse na psicologia feminina. Horney também acreditava firmemente que o indivíduo tinha a capacidade de ser seu próprio terapeuta, e enfatizava a importância da autoajuda e da autoanálise. Karen Horney morreu de câncer em 4 de dezembro de 1952. Ela estava com 67 anos.

A PSICOLOGIA DAS MULHERES

Karen Horney nunca estudou com Sigmund Freud, mas era extremamente familiarizada com seu trabalho e até ensinou psicanálise no Instituto Psicanalítico de Berlim e no Instituto Psicanalítico de Nova York, onde seus pontos de vista sobre o trabalho dele acabaram afastando-a da escola.

Você deve se lembrar das fases de desenvolvimento psicossexual de Sigmund Freud, que afirmava que, na fase fálica — entre 3 e 6 anos —, a relação entre meninas e seus pais eram o resultado da inveja do pênis.

Horney discordava dessa ideia e considerava-a humilhante e incorreta. Em vez disso, afirmava que nessa fase ocorria algo a que se referiu como "inveja do útero" — a inveja do homem pelo fato de uma mulher poder ter filhos. Consequentemente, o homem procura compensar seu sentimento de inferioridade tentando ter sucesso de outras maneiras. Em outras palavras, como o homem não pode reproduzir, ele tenta deixar sua marca no mundo em algum outro aspecto.

Horney argumentava também que Freud estava errado em sua crença de que os homens e as mulheres tinham diferenças fundamentais em suas personalidades. Enquanto Freud assumia uma abordagem biológica, Horney afirmava que, sem as restrições culturais e sociais que são geralmente colocadas sobre as mulheres, homens e mulheres seriam iguais. Essa ideia não foi aceita na época; no entanto, ela voltaria à tona mais tarde, após a morte de Horney, para ajudar a promover a igualdade de gêneros.

A TEORIA DAS NEUROSES DE KAREN HORNEY

A teoria das neuroses de Karen Horney é uma das mais conhecidas sobre o tema. Ela acreditava que as relações interpessoais criam uma ansiedade básica e que as neuroses se desenvolviam como um método para lidar com essas relações. Horney identificou três categorias em que as necessidades neuróticas podiam ser classificadas. Se um indivíduo é bem ajustado, conseguirá aplicar todas as três estratégias. Uma pessoa só se torna neurótica quando uma ou mais dessas estratégias são utilizadas em excesso. As categorias são as seguintes:

Necessidades que movem um indivíduo na direção de outras pessoas
Trata-se de necessidades neuróticas que farão um indivíduo buscar aceitação, ajuda ou afirmação dos outros para se sentir seguro. Esse tipo de pessoa necessita ser valorizado e desejado por aqueles que o rodeiam e pode parecer pegajoso ou necessitado.

Necessidades que movem um indivíduo contra outras pessoas
Em um esforço para se sentirem bem consigo mesmas, as pessoas lidarão com sua ansiedade tentando forçar seu poder sobre os outros e controlar aqueles que as rodeiam. Quem expressa essas necessidades é visto como indelicado, egoísta, mandão e controlador. Horney afirmava que as pessoas projetam suas hostilidades sobre os outros em um processo ao qual se referia como externalização. O indivíduo poderia, então, usar isso como uma justificativa para seu comportamento por vezes cruel.

Necessidades que movem um indivíduo para longe de outras pessoas
Essas necessidades neuróticas são responsáveis pelo comportamento antissocial, e uma pessoa pode parecer indiferente aos outros. A mentalidade por trás dessa abordagem é a de que, se um indivíduo não se envolver com outras pessoas, então, os outros não podem feri-lo. Isso pode levar a sentimentos de vazio e solidão.

Horney identificou, assim, dez necessidades neuróticas dentro dessas categorias:

- **Movimento na direção de outras pessoas**
  1. **Necessidade de afeto e aprovação:** é o desejo de atender às expectativas de outras pessoas, fazer os outros felizes e ser amado. Aqueles que sentem essa necessidade têm medo da hostilidade ou

raiva por parte das outras pessoas, e são muito sensíveis a qualquer crítica ou rejeição.
2. **Necessidade de um indivíduo por um parceiro que controle a sua vida:** essa necessidade envolve forte medo de ser abandonado e a crença de que ter um parceiro na vida pode resolver qualquer dificuldade ou problema que se possa ter.

- **Movimento contra outras pessoas**
    1. **Necessidade de ter poder:** os indivíduos com essa necessidade controlam e dominam os outros porque odeiam a fragilidade, mas admiram e são desesperados por força.
    2. **Necessidade de explorar outras pessoas:** os indivíduos com essa necessidade são manipuladores e acreditam que as pessoas existem para ser usadas. As associações com outras pessoas só são usadas para obter coisas como controle, sexo ou dinheiro.
    3. **Necessidade de prestígio:** são os indivíduos que necessitam de aclamação e reconhecimento público. Status social, posses materiais, realizações profissionais, traços de personalidade, e até os entes queridos são julgados com base no prestígio, e há um medo do constrangimento público.
    4. **Necessidade de realização pessoal:** pressionar a si próprio na busca de realização é perfeitamente normal. No entanto, os indivíduos neuróticos podem ficar desesperados para chegar lá, e pressionar a si mesmos em função da própria insegurança. Há um medo do fracasso e a necessidade de sempre realizar mais do que os outros.
    5. **Necessidade de admiração pessoal:** trata-se dos indivíduos narcisistas e que desejam ser vistos com base em uma versão ideal de si mesmos, em vez de quem eles realmente são.

- **Movimento para longe de outras pessoas**
    1. **Necessidade de perfeição:** um indivíduo com essa necessidade normalmente tem medo de falhas pessoais e procura por essas falhas para poder rapidamente escondê-las ou alterá-las.
    2. **Necessidade de independência:** em um esforço para não depender ou ficar amarrado a outras pessoas, um indivíduo com essa necessidade pode distanciar-se dos outros, criando uma mentalidade de "solitário".
    3. **Necessidade de restringir a própria vida de modo que ela permaneça dentro de limites estreitos:** os indivíduos com essa necessidade preferem passar despercebidos e permanecer discretos. Eles, muitas vezes, desvalorizam as próprias habilidades e seus talentos,

não exigem muito, não desejam objetos materiais, ficam contentes com pouco e consideram secundárias as próprias necessidades.

Karen Horney teve grande influência no campo da psicologia. Seus pontos de vista sobre neuroses como forma de lidar com relações interpessoais e sua identificação das necessidades neuróticas foram verdadeiramente inovadores e, por romper com as opiniões machistas apresentadas por Sigmund Freud, Horney estabeleceu-se como uma voz forte pelas mulheres e pela psicologia feminina.

JOHN BOWLBY (1907-1990)//
O pai da teoria do amor materno

John Bowlby nasceu em Londres, Inglaterra, em 26 de fevereiro de 1907, em uma família de classe média alta. O pai de Bowlby, Sir Anthony Alfred Bowlby, foi baronete e trabalhou como membro da equipe médica do rei. Bowlby só interagiu com sua mãe por aproximadamente uma hora por dia, como era o costume nessa classe social durante esse período. Na época, acreditava-se que mostrar afeto e carinho pelo filho poderia deixá-lo mimado. Sendo um de seis filhos, Bowlby ficou muito próximo de sua babá. Quando ele estava com 4 anos, sua babá foi embora e Bowlby passou por uma tristeza tão profunda, que chegou a comparar com a perda de uma mãe.

Quando Bowlby estava com 7 anos, sua família enviou-o para um internato. Bowlby recordaria mais tarde desse acontecimento como tendo sido bastante traumático para seu desenvolvimento. Essa experiência, porém, viria a ter um impacto grande e duradouro em Bowlby, cujo trabalho em psicologia centrou-se em como o desenvolvimento de uma criança é afetado quando é separada de seu cuidador.

Bowlby frequentou a Trinity College, em Cambridge, onde estudou psicologia; após a graduação, começou a trabalhar com crianças delinquentes e desajustadas. Com 22 anos, Bowlby começou a frequentar a University College Hospital em Londres, onde estudou medicina. Enquanto era ainda estudante na escola de medicina, Bowlby matriculou-se no Instituto de Psicanálise. Em 1937, estava trabalhando como psicanalista no Hospital Maudsley.

Com a eclosão da Segunda Guerra Mundial, Bowlby serviu no Corpo Médico do Exército Real. Em 1938, casou-se com Ursula Longstaff, com quem teria quatro filhos. Quando a guerra terminou, tornou-se diretor adjunto da Clínica Tavistock em Londres. Durante a década de 1950, Bowlby trabalhou brevemente como consultor em saúde mental para a Organização Mundial de Saúde (OMS), na qual desenvolveria alguns de seus trabalhos mais influentes, como sua teoria do apego.

Hoje John Bowlby é mais conhecido por seu abrangente trabalho sobre o desenvolvimento infantil. Especificamente, com base em exemplos extraídos de sua história de vida, Bowlby estudou como se separar de seu cuidador afeta o desenvolvimento de uma criança e as aplicações práticas do que essa separação significa para os jovens em crescimento. John Bowlby morreu em 2 de setembro de 1990. Ele estava com 83 anos.

A TEORIA DO APEGO DE BOWLBY

John Bowlby é considerado o primeiro teórico do apego, geralmente definido como um psicólogo que analisa de que forma os apegos logo cedo na infância moldam a vida das pessoas. Segundo Bowlby, o apego é o vínculo psicológico entre quaisquer duas pessoas. Ele acreditava que, para sobreviver, as crianças eram pré-programadas para criar apegos. Além disso, os primeiros laços que se formam são aqueles entre a criança e o cuidador, e podem deixar um impacto duradouro para o resto da vida. O apego é responsável por aumentar a chance de sobrevivência de uma criança porque é a força psicológica que a mantém perto de sua mãe.

```
          Manutenção da       Porto Seguro
          Proximidade
                       ╲    ╱
                       ┌──────┐
                       │ APEGO │
                       └──────┘
                       ╱    ╲
          Base Segura         Angústia da
                              Separação
```

ILUSTRAÇÃO DOS VÍNCULOS PSICOLÓGICOS

Em sua teoria do apego, John Bowlby afirmava que uma criança possuirá a sensação de segurança que permite a exploração somente quando a mãe estiver disponível e for atenciosa.

Na concepção de Bowlby, existem quatro características do apego:

1. **Porto seguro:** se uma criança se sentir assustada, ameaçada ou em perigo, o cuidador a conforta, apoia e acalma.
2. **Base segura:** o cuidador proporciona à criança uma base segura para que ela possa aprender, explorar o mundo e ordenar as coisas por si própria.

3. **Manutenção da proximidade:** embora a criança possa explorar o mundo, ela ainda tenta ficar perto do cuidador para se manter segura.
4. **Angústia da separação:** a criança fica irritada, infeliz e angustiada quando separada de seu cuidador.

Somente um apego primário é formado com os bebês, mais comumente com a mãe, e isso ocorre dentro do primeiro ano da criança (o que é conhecido como monotropia). Caso esse tipo de ligação não ocorra ou se rompa, pode haver graves consequências para a criança, e até mesmo levá-la à psicopatia por falta de afeto. Se o apego não estiver presente nos 3 anos da criança, então ela nunca o terá. Além disso:

- o apego do cuidador deve ser seguro para criar um desenvolvimento social, intelectual e emocional positivo;
- se o apego foi formado e, em seguida, interrompido, haverá consequências graves para o desenvolvimento social, intelectual e emocional da criança;
- o período crítico para um bebê estar com seu cuidador é entre 6 e 24 meses.

Definições Médicas

PRIVAÇÃO MATERNA: expressão utilizada por Bowlby para descrever o comprometimento do desenvolvimento causado por uma criança ser separada de sua mãe. As consequências em longo prazo da privação materna incluem a inteligência diminuída, depressão, aumento da agressividade, delinquência e psicopatia por falta de afeto (ausência de remorso, incapacidade de ter relações afetivas, falta de controle do impulso e raiva crônica).

ESTUDO DE BOWLBY SOBRE OS 44 LADRÕES

Para testar como é importante a relação entre uma mãe e seu filho durante os primeiros cinco anos de vida para a socialização, Bowlby conduziu um experimento com 44 adolescentes infratores. Ele acreditava que taxas maiores de delinquência juvenil, conduta antissocial e dificuldades afetivas poderiam estar diretamente ligadas a uma ruptura desse importante apego. Essencialmente, Bowlby procurou saber se a privação materna poderia estar ligada à delinquência na adolescência. Foram realizadas entrevistas com 44 adolescentes infratores, que foram todos colocados em uma clínica de orientação infantil por causa de roubo.

Bowlby também utilizou outros 44 adolescentes da clínica como grupo de controle. Deve-se observar que esses outros adolescentes eram de fato emocionalmente perturbados, mas nunca tinham roubado. Em seguida, Bowlby entrevistou os pais dos adolescentes infratores e os do grupo de controle, procurando verificar se as crianças tinham passado por uma separação em seus primeiros cinco anos de desenvolvimento, e quanto tempo havia durado essa separação.

Bowlby constatou que, durante os primeiros cinco anos de vida, mais da metade dos ladrões infratores juvenis foi separada da mãe por períodos maiores do que seis meses; no grupo de controle, somente dois adolescentes haviam passado por uma separação semelhante. Ao mesmo tempo que Bowlby verificou que nenhum adolescente no grupo de controle apresentou psicopatia por falta de afeto, ele afirmou que 32% dos ladrões delinquentes juvenis mostraram psicopatia por falta de afeto. A partir dessa pesquisa, ele concluiu que havia uma correlação entre comportamento criminoso do adolescente e privação materna quando criança.

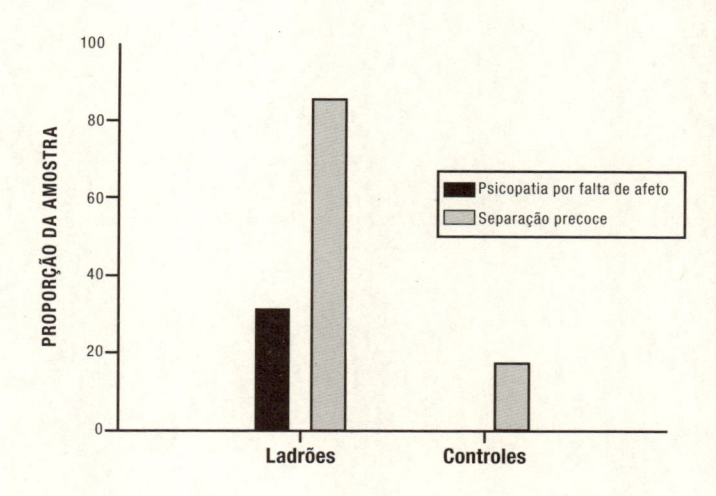

AS RELAÇÕES SOCIAIS NO ESTUDO DE BOWLBY

Sem dúvida, os resultados de Bowlby nesse estudo podem ser contestados. Além de se basear em entrevistas e lembranças, que podem ser imprecisas, o experimento também pode apresentar o viés do experimentador, pois Bowlby concebeu e conduziu seu experimento, e determinou qual seria o diagnóstico de psicopatia por falta de afeto.

Ao se basear na própria experiência de vida, John Bowlby criou um campo de estudo completamente novo dentro da psicologia, e o impacto de seu trabalho ainda pode ser encontrado na educação, nos cuidados dos pais e em cuidados infantis.

TEORIA DA ATRIBUIÇÃO
Dar sentido a tudo o que fazemos

A maneira pela qual uma pessoa atribui significado ao seu comportamento e ao comportamento dos outros pode ser explicada pela teoria da atribuição. Em outras palavras, como explicamos os eventos que vemos e por que fazemos isso? Em essência, a teoria da atribuição afirma que as pessoas explicam o próprio comportamento e o daqueles ao redor estabelecendo atributos a esse comportamento.

> **Definições Médicas**
>
> → **ATRIBUTO:** uma inferência sobre o que causa um comportamento específico.

FRITZ HEIDER

Uma teoria que envolvia atribuição foi proposta pela primeira vez pelo psicólogo austríaco Fritz Heider em 1958. Heider chamou-a de *psicologia ingênua* ou "senso comum", e imaginou que para entender o mundo as pessoas procuram encontrar relações de causa e efeito.

Suas duas principais ideias sobre atribuição foram:

1. As pessoas buscam por atribuições internas, como traço de personalidade, humor e atitudes para explicar o comportamento de outras pessoas. Por exemplo, um indivíduo pode atribuir inveja à outra pessoa.
2. As pessoas fazem atribuições externas, como a ambiental ou situacional, para explicar o próprio comportamento.

EDWARD JONES E KEITH DAVIS

Em 1965, os psicólogos Edward Jones e Keith Davis criaram a teoria da inferência correspondente. Essa teoria ajuda a explicar o processo de criação de uma atribuição interna.

Jones e Davis acreditavam que uma pessoa presta atenção especial a um comportamento intencional — Jones e Davis chamaram isso de "atribuição disposicional" — e que essas atribuições internas nos fornecem informações suficientes para que possamos prever o comportamento do indivíduo no futuro. Por exemplo, uma pessoa pode fazer uma conexão entre ver alguém agir de maneira amigável e acreditar que o indivíduo seja uma pessoa amigável. Esse processo de inferir que o comportamento de um indivíduo corresponde à sua personalidade é conhecido como inferência correspondente. Jones e Davis identificaram cinco fontes que acreditavam levar uma pessoa a fazer uma inferência correspondente:

1. **Escolha:** o comportamento livremente escolhido é o resultado de fatores internos.
2. **Conveniência social:** quando um comportamento não está em conformidade, uma pessoa fará mais inferências internas do que assumir comportamentos que sejam socialmente indesejáveis.
3. **Comportamento intencional *versus* acidental:** quando um comportamento é intencional, significa que é mais provável que ele seja atribuído à personalidade do indivíduo, e, quando um comportamento é acidental, é mais provável que seja atribuído a causas externas ou situacionais.
4. **Efeitos não comuns:** se o comportamento de outra pessoa leva a resultados importantes para ela mesma.
5. **Relevância hedonista:** se o comportamento de outra pessoa parece ter a intenção direta de ajudá-lo ou prejudicá-lo, pode-se assumir que isso não seja simplesmente um subproduto da situação ou do acontecimento em que os dois se encontram, e sim que seja algo "pessoal".

HAROLD KELLEY

A teoria da atribuição mais conhecida é o modelo de covariação de Harold Kelley, de 1967. Kelley criou um modelo lógico para entender quando uma ação poderia ser uma atribuição externa e quando poderia ser um modelo interno.

> **Definições Médicas**
>
> **COVARIAÇÃO:** quando um indivíduo tem informação de muitas observações que ocorrem em situações diferentes e em momentos diferentes.

EMOÇÃO
Por que nos sentimos assim?

O que é exatamente a emoção? Na psicologia, a emoção é definida como um estado de sentimento que envolve mudanças psicológicas e fisiológicas, que, em seguida, influenciam a forma como uma pessoa pensa e se comporta. Existem três categorias principais nas quais as teorias da emoção podem ser classificadas:

- Neurológicas, que se baseiam na ideia de que a atividade do cérebro leva a uma resposta emocional.
- Fisiológicas, que se baseiam na ideia de que as respostas do corpo é que geram as emoções.
- Cognitivas, que se baseiam na ideia de que o pensamento e a atividade mental é que são responsáveis pelas emoções..

Algumas das principais teorias que os psicólogos desenvolveram com relação às emoções incluem:

A TEORIA JAMES-LANGE

A teoria James-Lange, que na verdade foi proposta de forma independente pelo fisiólogo Carl Lange e pelo psicólogo William James na década de 1920, é uma das teorias mais conhecidas sobre as emoções. Essa teoria sugere que todas as emoções resultam de uma reação fisiológica aos eventos.

A teoria James-Lange pode ser dividida da seguinte forma:

Evento → Excitação → Interpretação → Emoção

EVOLUÇÃO DA EMOÇÃO COMO REAÇÕES FISIOLÓGICAS

Se um indivíduo testemunha um estímulo externo, o resultado é uma reação fisiológica. A partir da reação fisiológica ocorre um sentimento atribuído a fatores externos e o fracasso é atribuído a fatores internos — do que as pessoas de culturas individualistas.

Diferença ator/observador

Mesmo quando um indivíduo está na mesma situação que outro, a atribuição pode mudar dependendo se a pessoa é o ator ou o observador da situação. Por exemplo, alguém justifica o desempenho ruim em um teste dizendo que o professor nunca ensinou a matéria que foi apresentada em determinada questão. No entanto, se outras pessoas na classe têm desempenho ruim e o indivíduo tem bom desempenho, ele pode alegar que o resto da classe simplesmente não prestou atenção na aula.

3. **Capacidade de controle:** causas que um indivíduo pode controlar, como o próprio conjunto de habilidades, contra causas que um indivíduo não tem a capacidade de controlar, como sorte ou as ações de outras pessoas.

Weiner sugere que quando um indivíduo é bem-sucedido, tende a atribuir esse sucesso internamente ao seu conjunto de habilidades, mas, quando outro alguém é bem-sucedido, o sucesso é atribuído externamente à sorte ou circunstância. Quando um indivíduo fracassa ou não tem sucesso, a atribuição externa é geralmente usada, e, em vez de culpar a si mesmo, a causa é atribuída a fatores situacionais ou externos. Isso é conhecido como viés egocêntrico. No entanto, quando outras pessoas não têm sucesso ou fracassam, um indivíduo geralmente usará a atribuição interna, acreditando que é em consequência de fatores internos.

VIESES E ERROS DE ATRIBUIÇÃO

Do mesmo modo que no caso do viés egoísta, existem vários outros exemplos de vieses e erros de atribuição que as pessoas automaticamente utilizam quando tentam encontrar um motivo para o comportamento.

Erro fundamental de atribuição

Essa é a tendência de subestimar fatores externos e superestimar fatores internos ao tentar explicar o comportamento de outro indivíduo. É comum quando não conhecemos a pessoa muito bem, ou pode acontecer por causa de nossa tendência de dar um enfoque maior na situação do que no indivíduo. Por exemplo, um aluno não entrega uma tarefa e o professor assume que ele é preguiçoso, sem considerar a situação do aluno.

Viés cultural

As pessoas na América do Norte e na Europa Ocidental tendem a fazer parte de uma cultura individualista, na qual são abraçados os valores e objetivos individuais, enquanto as pessoas na América Latina, na Ásia e na África tendem a fazer parte de culturas mais coletivistas, nas quais a família e a conformidade são abraçadas. As pessoas de culturas individualistas geralmente cometem mais erros fundamentais de atribuição e vieses egocêntricos do que as pessoas de culturas coletivistas, e as pessoas de culturas coletivistas geralmente apresentam mais vieses de menosprezo — o oposto de um viés egocêntrico, em que o sucesso é

Kelley afirmou que existem três tipos de informações causais que influenciam o julgamento de um indivíduo e que elas são levadas em conta quando uma pessoa tenta imaginar a causa de determinados comportamentos. Quando há um fator baixo (comportamentos que não estão em conformidade e que são pouco desejáveis pelos outros), isso significa que é uma atribuição interna.

1. **Consistência:** o grau com que uma pessoa age de determinada maneira toda vez que uma situação semelhante ocorre. Por exemplo, se alguém só fuma cigarros quando sai com os amigos, há uma alta consistência no comportamento. Se, no entanto, uma pessoa só fuma cigarros de vez em quando em ocasiões especiais, há uma baixa consistência no comportamento.
2. **Consenso:** o grau com que outras pessoas agirão da mesma maneira quando ocorre uma situação similar. Por exemplo, se uma pessoa fuma enquanto bebe com um amigo, e esse amigo também fuma, então o comportamento é alto em consenso. Se apenas a primeira pessoa fuma e o amigo não participa da atividade, então o comportamento é baixo em consenso.
3. **Caráter distintivo:** o grau com que um indivíduo age da mesma maneira em situações semelhantes. Se um indivíduo só fuma cigarros quando está com amigos, então o comportamento é alto em caráter distintivo, e, se um indivíduo fuma em qualquer momento e em qualquer lugar, então o comportamento é baixo em caráter distintivo

BERNARD WEINER

A teoria de Bernard Weiner sobre atribuição enfatizou a realização. Weiner afirmava que os fatores mais significativos que afetam as atribuições são esforço, capacidade, sorte e a dificuldade da tarefa. Ele classificou as atribuições em três dimensões causais:

1. **Estabilidade e instabilidade:** as causas do comportamento mudarão à medida que o tempo passa?
2. **Local de controle:** interno *versus* externo. Um local interno de controle é quando um indivíduo decide o que fazer por conta própria, enquanto um local externo de controle é quando o comportamento é influenciado por fatores situacionais e externos.

de emoção, também conhecido como reação emocional, de acordo com a forma a reação física foi interpretada.

Por exemplo, se você estiver andando por um caminho e de repente se deparar com um leão da montanha bem à sua frente, seu coração pode começar a bater forte e seu corpo pode começar a tremer. Segundo a teoria James-Lange, você então interpretará essa reação física e chegará à conclusão de que está com medo.

Há muitos argumentos sólidos para refutar a teoria James-Lange e, em grande parte, ela foi abandonada pela ciência moderna. Os psicólogos, porém, ainda consideram a teoria James-Lange muito influente, e existem até exemplos de que essa teoria é verdadeira, como o que acontece com uma pessoa quando ela desenvolve uma fobia ou um transtorno de pânico. Se um indivíduo passa por uma reação fisiológica, tal como adoecer em público, isso pode levar a uma reação emocional, como a de ficar ansioso, e uma associação pode se formar entre os dois estados. A pessoa pode, assim, passar a evitar qualquer tipo de situação que possa resultar no desencadeamento dessa emoção.

A TEORIA CANNON-BARD

Criada por Walter Cannon e Philip Bard como um argumento contra a teoria James-Lange na década de 1930, a teoria Cannon-Bard afirma que as reações fisiológicas e as emoções são sentidas ao mesmo tempo. De acordo com a teoria, as emoções ocorrem quando o tálamo — a parte do cérebro responsável pelo controle motor, pelos estados de sono e vigília e pelos sinais sensoriais — envia uma mensagem ao cérebro como resposta a determinado estímulo. O resultado dessa mensagem sendo transmitida é uma reação fisiológica.

Para detalhar ainda mais, considere o seguinte diagrama:

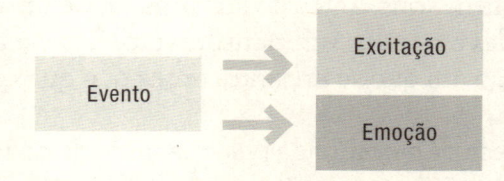

Evento → Excitação
Evento → Emoção

EVENTOS QUE DESENCADEIAM A EXCITAÇÃO E A EMOÇÃO

Há o estímulo emocional original que é recebido pelos órgãos sensoriais. O estímulo é então transmitido ao córtex para determinar como a resposta será direcionada, o que por sua vez estimula o tálamo. Em outras palavras, o estímulo está sendo recebido e interpretado. Então, duas reações ocorrem simultaneamente: a reação emocional e a reação corporal.

Voltando ao exemplo anterior, se estiver andando por um caminho e se deparar com um leão da montanha, você sentirá o tremor e o coração bater forte ao mesmo tempo com a emoção do medo.

A TEORIA SCHACHTER-SINGER

A teoria Schachter-Singer, criada por Stanley Schachter e Jerome E. Singer em 1962, é um exemplo de teoria cognitiva. Segundo essa teoria, que também é conhecida como teoria dos dois fatores, a excitação fisiológica a partir de um evento é a primeira fase que ocorre. Após a excitação fisiológica, um indivíduo deve encontrar o motivo para a ocorrência dessa excitação, e somente depois é que ele consegue caracterizar a experiência e rotulá-la como uma emoção.

Por exemplo, quando uma mulher caminha por uma rua vazia tarde da noite e de repente ouve passos atrás dela, pode começar a tremer e sua frequência cardíaca pode começar a acelerar. Quando ela observa a sua reação física, dá-se conta de que está sozinha na rua. Então, começa a acreditar que está em perigo e sente a emoção do medo.

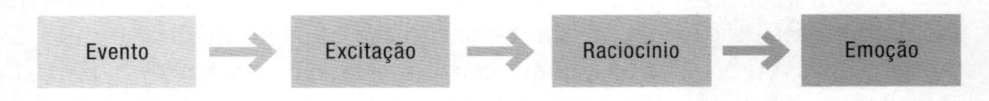

Evento → Excitação → Raciocínio → Emoção

VISÃO ALTERNATIVA DA RESPOSTA EMOCIONAL

TEORIA DE LAZARUS

Desenvolvida por Richard Lazarus na década de 1990, a teoria de Lazarus sobre emoções afirma que, antes do surgimento de uma emoção ou excitação fisiológica, deve ocorrer um pensamento. Essencialmente, você deve pensar na situação em que se encontra antes que qualquer tipo de emoção possa ser sentido.

Pegue a hipótese da caminhada pela rua tarde da noite. Quando a mulher ouve passos ao caminhar pela rua, o pensamento de que está em perigo ocorre primeiro — por exemplo, o pensamento de que há um ladrão atrás dela —, e, como resultado, a frequência cardíaca aumenta, o corpo começa a tremer e a emoção do medo é sentida.

Do mesmo modo que a teoria Cannon-Bard, a teoria de Lazarus envolve emoção e excitação fisiológica ocorrendo ao mesmo tempo.

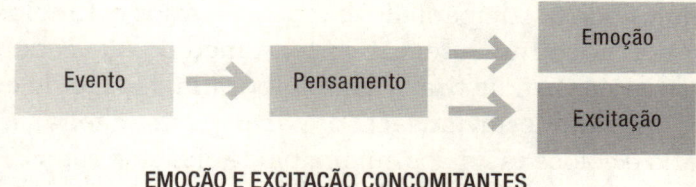

Evento → Pensamento → Emoção / Excitação

EMOÇÃO E EXCITAÇÃO CONCOMITANTES

TEORIA DO FEEDBACK FACIAL

As origens da teoria do feedback facial podem ser ligadas à obra de William James, e foi aprofundada por Silvan Tomkins em 1962. Essa teoria afirma que a emoção é, na verdade, a experiência das alterações musculares faciais que ocorrem. Caso contrário, segundo essa teoria, estamos apenas pensando intelectualmente. Assim, quando uma pessoa sorri, significa que ela está sentindo felicidade, e, quando uma pessoa franze a testa, significa que está sentindo tristeza, e assim por diante. Essas alterações em nossos músculos faciais são o que leva o cérebro à especificação de uma base para a emoção, em vez do contrário.

Mais uma vez, vamos analisar o cenário com a mulher que caminha sozinha em uma rua à noite. Quando ela ouve os passos aproximando-se por trás, seus olhos se abrem mais e seus dentes trincam. O cérebro então interpreta essas alterações nos músculos faciais como uma expressão da emoção de medo e, portanto, o cérebro diz à mulher que ela está sentindo medo.

Evento → Alterações faciais → Emoção

ALTERAÇÕES FACIAIS QUE DESENCADEIAM EMOÇÕES

Estudo de Carney Landis sobre expressões faciais

Em 1924, um estudante de psicologia da Universidade de Minnesota, Carney Landis, criou um experimento para entender a relação entre expressões faciais e emoções. Landis queria ver se as pessoas compartilhavam expressões faciais universais quando determinadas emoções eram evocadas. Por exemplo, a expressão facial para desgosto é a mesma para todas as pessoas?

Para esse experimento, Landis utilizou principalmente seus colegas estudantes. Dentro do laboratório, Landis pintou linhas pretas nas faces de todos para poder detectar facilmente qualquer movimento muscular. Em seguida, cada participante foi exposto a vários estímulos escolhidos por eles para induzir uma reação forte. À medida que cada um dos participantes reagia, Landis tirava uma fotografia da face deles. Dentre os estímulos utilizados estavam fazer os participantes cheirar amônia, olhar pornografia e colocar as mãos em um balde cheio de sapos. A parte final do teste, no entanto, foi a mais perturbadora.

Na fase final do experimento, Landis apresentava um rato vivo aos pesquisados e dizia que eles tinham de decapitá-lo. Embora todos os participantes tivessem se indignado com a ideia, dois terços realmente o fizeram. Para um terço dos participantes que haviam se recusado a decapitar o rato, Landis fez isso por eles.

Embora o experimento sobre expressões faciais tivesse contribuído pouco para demonstrar alguma universalidade entre as expressões faciais e sua relação com as emoções, efetivamente antecipou os resultados que Stanley Milgram viria a ter com seus estudos sobre obediência, que ocorreriam quarenta anos mais tarde. Landis, porém, estava concentrado demais em seu trabalho com expressões faciais para perceber que a obediência dos participantes era o aspecto mais interessante de seu estudo.

PERSONALIDADE
O que faz você ser... você?

Ao discutir personalidade, os psicólogos olham para pensamentos, comportamentos e emoções que um indivíduo tem que o tornam único — também conhecido como "sistema mental". A personalidade é individualizada e, em sua maior parte, permanecerá consistente ao longo da vida de um indivíduo. Embora existam muitas interpretações sobre o que constitui a personalidade, várias características fundamentais são geralmente aceitas nesse campo de estudo:

- Em geral, há consistência e uma ordem perceptível no comportamento. As pessoas se comportam de forma igual ou semelhante em diferentes tipos de situações.
- A personalidade influencia o modo como uma pessoa se comporta e reage ao seu ambiente, e também é a causa de se comportar de determinadas maneiras.
- Embora a personalidade seja um conceito psicológico, processos biológicos têm grande influência e impacto.
- O comportamento não é a única coisa que exibe a personalidade. A personalidade também pode ser percebida nas interações com outras pessoas, nos relacionamentos, nos pensamentos e nas emoções.

TEORIAS DOS TRAÇOS DE PERSONALIDADE

Existem várias teorias e escolas de pensamento que tentam entender como a personalidade se desenvolve e muitas já foram discutidas em profundidade. Nelas, incluem-se as teorias humanistas (como a hierarquia de necessidades de Maslow), que enfatizam o papel do livre-arbítrio e da experiência do indivíduo; as teorias psicanalíticas (como o trabalho de Sigmund Freud), que enfatizam as primeiras experiências e o inconsciente; as teorias comportamentais (como o condicionamento clássico e operante), que sugerem que o indivíduo e sua interação com o ambiente levam ao desenvolvimento da personalidade; e as teorias de traços de personalidade, que merecem destaque por causa de sua ênfase nas diferenças entre as pessoas. As teorias de traços sugerem que a personalidade é única para um indivíduo e é composta por uma combinação de características responsáveis por fazer uma pessoa se comportar de determinada maneira. Essas características são conhecidas como traços. As teorias dos traços, então, se concentram em encontrar e medir os traços de personalidade que compõem cada indivíduo. Ao longo da história da psicologia existiram várias teorias dos traços. Dentre as mais importantes estão:

Teoria dos Traços de Personalidade de Allport

Em 1936, o psicólogo Gordon Allport, de Harvard, que também foi o primeiro professor de psicologia da personalidade nos Estados Unidos, desenvolveu sua teoria dos traços de personalidade. Allport consultou o dicionário e procurou todas as palavras que ele achava que descreviam um traço de personalidade. Com uma lista de mais de 4.500 palavras, Allport organizou esses traços em três categorias:

1. **Traços cardeais:** traços que controlam e definem toda a personalidade de um indivíduo. Consequentemente, esses tipos de traços são geralmente sinônimos do indivíduo e são muito raros. Esses traços incluem: semelhança a Cristo, narcisista e maquiavélico.
2. **Traços centrais:** traços que são comuns. Incluem características como simpatia, bondade, honestidade etc.
3. **Traços secundários:** traços que aparecem em condições e circunstâncias específicas. Por exemplo, ficar nervoso antes de fazer um discurso em público.

Dezesseis fatores de personalidade de Cattell

Trabalhando a partir da teoria de Gordon Allport, o psicólogo Raymond Cattell pegou a lista de mais de 4.500 traços de personalidade de Allport e reduziu-os para 171 traços por meio da combinação daqueles que eram semelhantes entre si e eliminando os que eram incomuns. Em seguida, Cattell desenvolveu questionários que utilizavam esses traços e testavam uma grande amostra da população.

Com os resultados dos questionários em mãos, Cattell identificou os termos intimamente relacionados e utilizou um processo estatístico conhecido como análise dos fatores para reduzir ainda mais o número dos principais traços de personalidade. Ele concluiu que um total de dezesseis traços de personalidade era a fonte de todas as personalidades e que todas as pessoas apresentavam esses traços, em algum grau. Os dezesseis fatores de personalidade que Cattell identificou são:

- **Abstração:** ser imaginativo e abstrato *versus* ser concreto e prático.
- **Apreensão:** ser preocupado e inseguro *versus* ser confiante e seguro.
- **Domínio:** ser forte e assertivo *versus* ser submisso e obediente.
- **Estabilidade emocional:** ser calmo *versus* ser emocionalmente instável e tenso.
- **Vivacidade:** ser entusiasmado e espontâneo *versus* ser contido e sério.
- **Abertura à mudança:** ser flexível e aberto *versus* ser tradicional e apegado ao conhecido.
- **Perfeccionismo:** ser autodisciplinado e controlado *versus* ser indisciplinado e flexível
- **Privacidade:** ser discreto e perspicaz *versus* ser aberto e despretensioso.
- **Raciocínio:** pensar abstratamente e ser mais inteligente *versus* pensar concretamente e ser menos inteligente.
- **Controle pela consciência:** ser consciencioso e obedecer às regras *versus* não obedecer e desrespeitar regras.
- **Autoconfiança:** ser autossuficiente e individualista *versus* ser dependente.
- **Sensibilidade:** ser sentimental e de bom coração *versus* não ser sentimental e ser inflexível
- **Coragem social:** ser desinibido e aventureiro *versus* ser tímido e envergonhado.
- **Tensão:** ser impaciente e frustrado *versus* ser relaxado e calmo.
- **Vigilância:** ser desconfiado e cético *versus* confiar e aceitar.
- **Calor:** ser extrovertido e atencioso com as pessoas *versus* ser distante e reservado.

AS TRÊS DIMENSÕES DE EYSENCK

O psicólogo Hans Eysenck criou um modelo de personalidade em 1947, independente de outras teorias dos traços, e atualizou o modelo no final da década de 1970. Seu modelo se baseou na ideia de que todas as pessoas compartilham três características universais:

1. **Introversão *versus* extroversão:** a introversão é quando um indivíduo dirige sua atenção para as experiências interiores, tornando-o mais tranquilo e reservado. A extroversão é quando um indivíduo dirige sua atenção para fora, para as pessoas ao seu redor e ao ambiente. Uma pessoa com extroversão elevada é mais descontraída e sociável.
2. **Neuroticismo *versus* estabilidade emocional:** segundo Eysenck, o neuroticismo está relacionado com a propensão de uma pessoa

se emocionar ou ficar chateada, enquanto a estabilidade emocional refere-se à propensão de permanecer emocionalmente constante.
3. **Psicoticismo:** os indivíduos com psicoticismo elevado apresentam tendências hostis, antissociais, manipulativas e apáticas, e consideram difícil lidar com a realidade.

OS CINCO GRANDES TRAÇOS DE PERSONALIDADE

Os teóricos da personalidade acreditam atualmente que há uma quantidade exagerada de traços de personalidade na teoria de Cattell e uma quantidade não suficiente de traços de personalidade na teoria de Eysenck. No lugar dessas duas, muitos acreditam em uma teoria conhecida como os "Cinco Grandes". Esse modelo afirma que a base da personalidade vem da interação de cinco características principais. Esses traços são:

1. **Extroversão:** grau de sociabilidade de um indivíduo.
2. **Amabilidade:** o grau de amizade, afeto, confiança e comportamento social positivo de um indivíduo.
3. **Escrupolosidade:** o grau de organização, ponderação e controle dos impulsos de um indivíduo.
4. **Neuroticismo:** o grau de estabilidade emocional de um indivíduo.
5. **Abertura:** o grau de imaginação, criatividade e leque de interesses de um indivíduo.

Embora haja muitas teorias diferentes que tratam do tema da personalidade de formas muito diferentes, um ponto é certo entre todas elas: a personalidade é um tópico extremamente importante. A personalidade geralmente permanece coerente ao longo da vida de uma pessoa e é responsável por fazer cada indivíduo pensar, comportar-se e sentir-se de maneira única e individualizada.

TEORIAS DE LIDERANÇA
O que é preciso para se tornar um líder?

No início do século XX o interesse em teorias sobre liderança começou a florescer no campo da psicologia, à medida que a Grande Depressão e a Segunda Guerra Mundial fizeram as pessoas passarem a se perguntar o que é preciso para ser um bom líder. Enquanto as primeiras teorias tratavam das qualidades que compõem um líder em comparação com as qualidades que compõem um seguidor, as teorias de liderança posteriores se voltaram para graus de competência e fatores situacionais.

Embora existam muitas teorias diferentes sobre liderança, há oito tipos principais em que essas teorias podem ser classificadas:

TEORIAS DO GRANDE HOMEM

A principal ideia por trás das teorias de liderança do grande homem é que a capacidade de se tornar um líder é inerente e que existem determinadas pessoas que naturalmente nasceram para liderar.

A teoria do grande homem foi originalmente proposta pelo historiador Thomas Carlyle. Durante o século XIX, quando a teoria foi mais popular, alguns defendiam que a existência de homens como Mahatma Gandhi, Abraham Lincoln, Alexandre, o Grande, e Júlio César dava respaldo para a validade desse argumento — parecia que o homem certo surgia do nada para liderar.

TEORIAS DE CONTINGÊNCIA

As teorias de contingência afirmam que a capacidade de liderar depende de fatores situacionais. Esses fatores incluem (mas não se limitam a) o estilo preferido do líder e os comportamentos e as capacidades das pessoas que seguem o líder.

As teorias de contingência afirmam que não existe um estilo único de liderança que seja universalmente eficaz e que um estilo de liderança pode funcionar melhor em determinadas circunstâncias do que outros estilos de liderança. Isso significa que os líderes muito eficazes em um ambiente podem ser completamente ineficazes se colocados em outro.

TEORIAS DOS TRAÇOS DE PERSONALIDADE

As teorias dos traços de personalidade, do mesmo modo que as teorias do grande homem, baseiam-se no pressuposto de que as pessoas nascem com características específicas que as tornam adequadas para se tornar um líder. As teorias dos traços de personalidade tentam identificar e comparar características fundamentais de personalidade e comportamentais que os líderes compartilham.

Uma das dificuldades que surge na discussão da teoria dos traços de liderança é o problema de como dois indivíduos com características semelhantes acabam em posições de liderança completamente divergentes. Um pode se tornar um grande líder e o outro pode permanecer um seguidor, ou mesmo se tornar um líder fracassado, apesar de compartilhar muitas das mesmas características exteriores.

TEORIAS SITUACIONAIS

As teorias situacionais baseiam-se na ideia de que os líderes escolhem o melhor curso de ação a ser tomado de acordo com fatores situacionais. As teorias situacionais afirmam que os líderes não devem utilizar apenas um único estilo de liderança e sim levar em conta todos os fatores situacionais. Os fatores situacionais incluem a capacidade dos indivíduos que são seguidores e a motivação do líder.

Dentre outros fatores é a percepção que o líder tem da situação e seus seguidores, assim como o humor do líder e a percepção de si mesmo, que afeta o que o líder fará.

TEORIAS PARTICIPATIVAS

A principal ideia por trás das teorias de liderança participativa é a de que um líder ideal considera a contribuição de outras pessoas. Nesse tipo de liderança, a participação e as contribuições são incentivadas. Além de fazer as outras pessoas se sentirem envolvidas e relevantes na tomada de decisão, esse processo também faz com que elas se sintam mais comprometidas.

Deve-se notar que nas teorias participativas, embora haja participação dos seguidores, cabe ao líder dar esse direito às outras pessoas.

TEORIAS COMPORTAMENTAIS

Em contraste com as teorias do grande homem e as teorias dos traços de personalidade, as teorias comportamentais baseiam-se na ideia de que um líder não nasce assim, mas se torna líder, e que a liderança não surge através de características mentais. Na verdade, as teorias comportamentais afirmam que a liderança é algo que pode ser aprendido por observação e treinamento. A liderança, segundo as teorias comportamentais, é um comportamento que se pode aprender.

TEORIAS TRANSFORMACIONAIS

As teorias transformacionais, também chamadas de teorias de relações, colocam o foco no relacionamento entre um líder e seus seguidores. De acordo com as teorias de liderança transformacional, um líder fará os seguidores compreender o significado e os benefícios de uma tarefa, motivando e inspirando-os. Na liderança transformacional o foco não está apenas no desempenho do grupo, mas também em garantir que cada indivíduo alcance o seu máximo potencial. Assim, a liderança que segue esse tipo de teoria também apresenta elevados padrões morais e éticos.

TEORIAS TRANSACIONAIS

As teorias transacionais, também chamadas de teorias de gestão, enfatizam o papel do supervisor, o desempenho do grupo e a organização. Nas teorias transacionais a liderança se baseia em um sistema composto por recompensas e punições, e as expectativas dos seguidores são claramente entendidas. As teorias transacionais de liderança são geralmente vistas nos locais de trabalho. Se um empregado for bem-sucedido, ele será recompensado, e, se um empregado fracassar, ele será punido ou repreendido.

O que é preciso para fazer um grande líder? Será algo com o qual você já nasce? Baseia-se apenas na situação específica em mãos? Será que ouvir a contribuição dos outros o torna melhor? Seria a boa liderança um comportamento aprendido? Talvez ela ocorra fazendo os seguidores entender o que é preciso para alcançar o pleno potencial, ou talvez um bom líder nasça da criação de um sistema de recompensas e punições. Compreender as teorias de liderança e como os outros reagem às formas de liderança pode ter aplicações muito reais no mundo. Contudo, como se tornar um grande líder? Respondendo de forma simples: de muitas maneiras diferentes.

SONHOS
O que acontece quando as luzes se apagam

Na psicologia, os sonhos são definidos como quaisquer pensamentos, imagens ou emoções que uma pessoa experimenta durante o sono. Os psicólogos ainda não chegaram a um acordo sobre por que sonhamos e o que esses sonhos representam, mas existem várias teorias importantes.

A "ciência" do sono

Acredite ou não, os cientistas ainda não sabem o motivo ou o propósito de dormir!

A TEORIA PSICANALÍTICA DE FREUD SOBRE OS SONHOS

Sigmund Freud acreditava que o conteúdo de nossos sonhos estava associado à realização dos desejos e que eles representavam pensamentos, motivações e desejos de nosso inconsciente. Além disso, Freud acreditava que os instintos sexuais que o consciente reprime aparecem em nossos sonhos. Em seu livro *A interpretação dos sonhos*, Freud dividiu os sonhos em dois componentes:

- **Conteúdo manifesto** — pensamentos, conteúdo e imagens reais em nosso sonho.
- **Conteúdo latente** — significado psicológico no sonho, que está escondido.

Para entender o significado por trás dos sonhos, Freud dividiu os sonhos em cinco partes distintas:

- **Deslocamento:** quando um desejo por algo é representado por alguma outra coisa ou alguém.
- **Projeção:** quando as vontades e os desejos daquele que sonha, que são suprimidos, são colocados em outra pessoa no sonho.

- **Simbolização:** quando os impulsos e desejos, que são suprimidos, são metaforicamente encenados no sonho.
- **Condensação:** quando grande quantidade de informação é comprimida em uma imagem ou pensamento, tornando difícil decifrar o significado.
- **Revisão secundária:** a fase final do sonho, em que os elementos incoerentes se reorganizam em um sonho compreensível.

Embora a pesquisa tenha refutado a teoria de Freud sobre o conteúdo latente sendo disfarçado pelo conteúdo manifesto, o trabalho de Sigmund Freud contribuiu muito para o interesse na interpretação dos sonhos dentro do campo da psicologia.

TEORIA DE CARL JUNG SOBRE SONHOS

Ainda que acreditasse em grande parte da teoria de Freud a respeito dos sonhos, Jung achava que estes não apenas expressavam desejos reprimidos, mas também compensavam aquelas partes da psique pouco desenvolvidas durante a vida desperta. Jung acreditava também que os sonhos revelavam o inconsciente coletivo e o inconsciente pessoal, e mostravam arquétipos representativos dos pensamentos inconscientes.

O MODELO ATIVAÇÃO-SÍNTESE DO SONHO

Em 1977, Robert McCarley e J. Allan Hobson desenvolveram o modelo ativação-síntese em que propõem que os sonhos eram causados pelos processos fisiológicos do cérebro.

Segundo o modelo ativação-síntese, durante a fase final do ciclo do sono, conhecida como sono do "movimento rápido dos olhos" (REM), os circuitos dentro do tronco encefálico são ativados, o que, por sua vez, aciona partes do sistema límbico que desempenham papel importante na memória, nas sensações e na emoção. O cérebro tenta, assim, produzir significados a partir dessa atividade interna, resultando em sonhos.

Ao ser proposto pela primeira vez, o modelo ativação-síntese despertou controvérsias dentro do campo da psicologia, e principalmente dentre aqueles que seguiam os ensinamentos de Freud. Enquanto muitos psicólogos estavam tentando encontrar o significado oculto por trás dos sonhos, o modelo ativação-síntese propunha que esses sonhos eram simplesmente o produto do cérebro ao tentar processar a atividade cerebral.

No entanto, Hobson não achava que os sonhos fossem totalmente sem sentido, pois afirmava que representavam o "estado consciente mais criativo", em que novas ideias, tanto fantasiosas quanto úteis, são formadas.

TEORIA DE HALL SOBRE SONHOS

O psicólogo Calvin S. Hall afirmava que o objetivo da interpretação dos sonhos era entender o indivíduo que sonha, e não simplesmente entender o sonho em si.

Hall afirmava que a interpretação correta dos sonhos exigia a compreensão de vários itens:

- as ações das quais a pessoa que sonha participa dentro do sonho;
- quaisquer figuras ou objetos que aparecem no sonho;
- todas as interações que ocorrem entre quem sonha e os personagens dentro do sonho;
- o cenário do sonho;
- quaisquer transições que ocorram dentro do sonho;
- o resultado do sonho.

TEORIA DE DOMHOFF SOBRE SONHOS

G. William Domhoff estudou com Calvin Hall e chegou à conclusão de que os sonhos eram, na verdade, reflexos de quaisquer pensamentos ou preocupações que ocorrem durante a vida desperta do indivíduo que sonha. De acordo com a teoria de Domhoff, os sonhos são o resultado de processos neurológicos.

TEMAS COMUNS ENCONTRADOS NOS SONHOS

A seguir são listados dez dos temas mais comuns das pessoas durante o sonho, e possíveis significados desses temas, segundo a teoria freudiana.

1. **Fazer um teste para o qual você não está preparado:** esse tipo de sonho não diz respeito apenas a um teste acadêmico, e geralmente é específico da atividade de quem sonha. Por exemplo, um

ator pode sonhar sobre não se lembrar de sua audição ou de não conseguir reconhecer as palavras em um script. Esse tipo de sonho lida com o sentimento de estar exposto, e o teste poderia simbolizar ser julgado ou avaliado por outra pessoa.
2. **Estar nu ou inadequadamente vestido em público:** esse tipo de sonho refere-se a sentimentos de vergonha ou vulnerabilidade.
3. **Ser perseguido ou atacado:** esse tipo de sonho é muito mais comum em crianças, cujos sonhos tendem a tratar de medos mais físicos do que sociais. Além do mais, em função de seu tamanho, elas muitas vezes se sentem mais vulneráveis fisicamente. Em adultos esse tipo de sonho pode ser um sinal de estar sob pressão.
4. **Cair:** a queda pode representar sentimentos de estar extremamente sobrecarregado com sua situação atual e ter uma perda de controle.
5. **Estar perdido:** geralmente representa se sentir perdido, ou tentando obter algo ou encontrar seu caminho e não ter certeza de como fazê-lo.
6. **Perder um dente:** pode representar o sentimento de não ser ouvido ou levado em consideração em uma relação pessoal, ou sentimentos de agressão.
7. **Desastres naturais:** pode significar se sentir tão oprimido por problemas pessoais que parece que eles estão totalmente fora de controle.
8. **Voar:** pode representar um desejo de escapar ou de se libertar de uma situação.
9. **Morrer ou ser ferido:** pode representar algo que na vida diária de quem sonha não está mais prosperando ou está murchando, como uma relação pessoal ou um atributo pessoal, e não significa nem implica necessariamente pensamentos reais de morte.
10. **Perder o controle de um carro:** esse tipo de sonho resulta de sentimentos de estresse e medo, e de não se sentir no controle da vida cotidiana.

Embora os psicólogos ainda não compreendam totalmente os sonhos, sua interpretação desempenha papel fundamental na psicologia moderna. Da análise da interpretação dos sonhos de Freud (de uso mais frequente e que sugere que os sonhos estejam ligados ao nosso inconsciente e representam desejos reprimidos) ao trabalho de G. William Domhoff (que acreditava que os sonhos eram meramente resultantes de processos neurológicos), entender por que os sonhos ocorrem e os vários detalhes e possíveis significados por trás deles ainda é uma parte muito importante da psicologia.

ARTETERAPIA

A arte de ficar melhor

A arte é um meio de comunicação extremamente expressivo. Ela pode ajudar as pessoas a se comunicar, a lidar com o estresse e pode levar uma pessoa a descobrir e a estudar as diferentes partes da própria personalidade. Na psicologia, a arte é utilizada para melhorar a saúde mental de uma pessoa e pode até ser usada para tratar distúrbios psicológicos, o que é chamado arteterapia.

Ao integrar o processo criativo, necessário para criar arte, com técnicas psicoterapêuticas, a arteterapia pode permitir que um indivíduo resolva seus problemas, diminua o estresse que enfrenta na vida, gerencie seu comportamento, melhore suas habilidades interpessoais e fortaleça sua autoconsciência e seu autocontrole.

A arteterapia começou a surgir como uma forma distinta de terapia na década de 1940, quando os psiquiatras passaram a se interessar pelas pinturas criadas por pacientes doentes mentais e os educadores começaram a perceber que o desenvolvimento e o crescimento cognitivo e emocional poderiam ser observados nos trabalhos de arte das crianças.

QUANDO UTILIZAR A ARTETERAPIA

Há grupos de pessoas que mostraram ter reagido de forma muito positiva à arteterapia. Alguns desses grupos incluem:

- adultos que lutam contra estresse grave;
- crianças com dificuldades de aprendizagem;
- pessoas que foram submetidas a uma experiência traumática;
- pessoas que têm problemas de saúde mental;
- pessoas com uma lesão cerebral;
- crianças com problemas sociais e comportamentais em casa e na escola;
- qualquer pessoa que sofre de depressão, ansiedade ou abuso doméstico.

O que a arteterapia não é

A arteterapia não é uma atividade recreativa ou um curso para ensinar alguém a fazer arte e não há necessidade de nenhuma experiência anterior em arte para um indivíduo participar desse tipo de terapia. Também é importante destacar que a arteterapia não envolve um terapeuta que interpreta os trabalhos de arte do paciente. A arteterapia refere-se a ensinar alguém a curar-se através da própria arte.

COMO FUNCIONA A ARTETERAPIA

Os métodos de arte envolvidos na arteterapia incluem pintura, desenho, colagem e escultura. Estando em um ambiente que faça com que o paciente se sinta seguro, o terapeuta fornecerá um tema para o paciente trabalhar ou será convidado a trabalhar sem nenhuma orientação.

À medida que cria uma arte relacionada com suas experiências de vida ou um evento, o processo de fazer arte permite que o paciente pense sobre sua experiência em um nível mais profundo e transforme o que está em sua cabeça em símbolos e metáforas. Ao elaborar esses símbolos e metáforas, o paciente consegue definir essas imagens com as próprias palavras, o que é uma parte importante da recuperação e da autodescoberta. O paciente é a única pessoa que sabe e que tem a capacidade de explicar o que esses símbolos representam.

Esse processo de pegar uma experiência do "eu interior" de uma pessoa e colocá-la para fora no mundo como um objeto físico ajuda o indivíduo a se distanciar da experiência, fazendo-o, por sua vez, sentir-se mais seguro para falar sobre o que fez. Assim, ao invés de ter de falar diretamente sobre seus problemas, o que pode ser muito difícil, o paciente pode falar para o terapeuta sobre o trabalho de arte que criou. Aos poucos, esse processo aumenta a compreensão, a aceitação e a autoconsciência de si próprio.

OUTROS BENEFÍCIOS DA ARTETERAPIA

Junto com o aumento da autoconsciência e a aceitação de si mesmo, existem muitos outros benefícios que um indivíduo pode obter com a arteterapia. Dentre eles, pode-se citar:

- ser forçado a participar ativamente no processo, o que combate o tédio, a alienação e os sentimentos de apatia;

- a tomada de decisão e as escolhas são incentivadas;
- a criatividade é estimulada, o que pode permitir que um indivíduo reaja de forma diferente diante de situações que possam ser difíceis;
- pode ocorrer uma catarse, uma limpeza de sentimentos negativos;
- pode ocorrer uma aprendizagem interpessoal e social.

Não apenas pintura

Existem também versões da arteterapia em música, dança, escrita, drama (conhecida como arteterapia criativa) e até em arte performática (conhecida como arteterapia expressiva).

O verdadeiramente excepcional a respeito da arteterapia é que um indivíduo tem a capacidade de assumir um papel ativo no processo terapêutico. Ao expressar pensamentos por meio de trabalhos de arte e símbolos, uma pessoa pode se curar e aumentar sua autoconsciência nos próprios termos.

HIPNOSE
Não é só um jogo de espelhos

Na psicologia, a hipnose é uma técnica utilizada durante a terapia que envolve um paciente que entra num estado muito profundo de relaxamento para que possa realmente começar a concentrar-se em sua mente. Durante esse estado, as conexões entre o que o indivíduo pensa, sente e faz ficam mais claras.

Embora a hipnose seja muitas vezes retratada de forma negativa nos meios de comunicação, tem sido clinicamente comprovado que além de benefícios terapêuticos também proporciona benefícios médicos. O método é especialmente eficaz quando se trata da redução de ansiedade e dor, e alguns ainda acreditam que pode ser útil na redução dos sintomas relacionados à demência.

Na maioria das vezes, a hipnose é utilizada como uma ajuda no processo terapêutico, assim, não é ela mesma o tratamento em si.

COMO A HIPNOSE FUNCIONA

A hipnose proporciona cuidados e tratamento alterando e reprogramando a mente subconsciente do indivíduo. Quando colocada em estado hipnótico, a mente consciente de um indivíduo é subjugada, enquanto a mente subconsciente é despertada. Para que possa haver qualquer mudança real na vida de uma pessoa, muitos psicólogos acreditam que a mente subconsciente, e não apenas a mente consciente, necessita mudar. Como a mente subconsciente é mais presente durante a hipnose do que a mente consciente, pensamentos, sentimentos e lembranças que estavam ocultos podem ser analisados.

Por exemplo, se uma pessoa quiser parar de fumar, ela pode fazer tudo o que estiver a seu alcance em nível consciente para tentar parar, mas ainda assim pode haver um desejo da mente subconsciente que contribui para que a tentativa de parar não dê certo. Por meio de compreensão, mudança e reprogramação da mente subconsciente, o indivíduo pode enfim ter sucesso, pois a mente subconsciente foi alterada.

Ao ser hipnotizado, um paciente não é colocado em um sono profundo e não pode ser forçado a fazer nada que vá contra seu melhor juízo ou algo que de outro modo não faria; o paciente também não tem de seguir todos os comandos dados pelo terapeuta. Na verdade, a pessoa hipnotizada está constantemente inteirada de seu ambiente e situação.

Dois métodos de terapia hipnótica

ANÁLISE DO PACIENTE: utilização da hipnose para encontrar a causa subjacente de um sintoma ou uma doença, como um trauma ou um acontecimento do passado que está escondido na mente inconsciente. Uma vez revelado, o problema pode ser mais bem tratado na psicoterapia.

SUGESTÃO HIPNÓTICA: uma vez hipnotizada, uma pessoa conseguirá mudar um comportamento específico, como fumar ou roer as unhas, porque responderá melhor às sugestões. Essa técnica também pode ser utilizada para alterar sensações e percepções, e é frequentemente usada na gestão da dor.

O QUE PODE SER TRATADO COM A HIPNOSE

Como a hipnose pode ajudar uma pessoa a lidar com qualquer coisa que considere difícil de lidar, há muitas condições mentais, emocionais e físicas que a hipnose pode ajudar a tratar. As condições mais comuns em que a hipnose é utilizada são as seguintes:

- fobias;
- estresse e ansiedade;
- ataques de pânico;
- pesar;
- transtornos alimentares;
- distúrbios do sono;
- depressão;
- vício;
- perda de sobrepeso;
- fumo;
- sintomas de TDAH;
- redução da dor durante o parto;
- problemas sexuais;

- náusea e vômito em pacientes que sofrem de câncer e estão passando por quimioterapia;
- sintomas da Síndrome do Intestino Irritável.

ALBERT ELLIS (1913-2007)
Fundador de um novo tipo de psicoterapia

Albert Ellis nasceu em 27 de setembro de 1913, em Pittsburgh, na Pensilvânia. Ellis descreveu a relação com seus pais como distante, e sua mãe sofria transtorno bipolar. Em consequência, Ellis criou e cuidou de seu irmão e de sua irmã mais novos.

Em 1934, formou-se na Universidade da Cidade de Nova York e começou a escrever sobre sexualidade quando se interessou pela primeira vez por psicologia. Em seguida, Ellis estudou na Universidade Columbia, onde obteria seu mestrado em psicologia clínica (1943) e seu doutorado (1947). Inicialmente, Ellis foi forte defensor da psicanálise de Sigmund Freud. No entanto, os trabalhos de Karen Horney, Alfred Adler e Erich Fromm tiveram grande influência sobre ele, e logo começou a questionar e, no final, acabou rompendo os laços com a obra de Freud.

Em vez de seguir os conceitos de Freud, Ellis criou a própria forma de psicoterapia, à qual deu o nome de Terapia Racional — mais tarde ela viria a ser chamada de Terapia Racional Emotiva e Comportamental (TREC). Essa terapia é geralmente considerada como o início da terapia cognitivo-comportamental. Em 1959, Ellis fundou o Instituto para uma Vida Racional.

Ellis foi extremamente ativo durante a revolução sexual da década de 1960, e era um ateu declarado. Foi só depois de trabalhar em TREC com inúmeros praticantes religiosos que pôde finalmente constatar os benefícios psicológicos que uma crença em um ser superior poderia trazer para as pessoas. Apesar de nunca deixar de ser ateu, Ellis diminuiu sua defesa dessa opção e concluiu que ter a escolha permitiria um resultado psicológico melhor.

Embora grande parte do trabalho inicial de Ellis tivesse sido recebida com críticas, na última metade de sua vida obteve muitos elogios à medida que as terapias cognitivo-emocionais foram sendo cada vez mais reconhecidas como métodos eficazes de tratamento. Hoje Albert Ellis é considerado uma das pessoas mais importantes no campo da psicologia. Albert Ellis morreu em 24 de julho de 2007.

O MODELO ABC

No conceito de Albert Ellis da Terapia Racional Emotiva e Comportamental, ele acreditava que todos os dias ocorriam eventos que levavam uma pessoa a observar e interpretar o que está acontecendo. Essas interpretações então se transformavam em crenças pessoais que o indivíduo formava a respeito do evento. Essas crenças também incluíam o papel da pessoa no evento. Depois que uma crença se desenvolvia, a pessoa experimentava uma consequência emocional em função dessa crença. A seguir uma ilustração visual útil sobre esse conceito:

A --> **B** --> **C**
Evento ativador — Crença — Consequência emocional

EVENTOS ATIVADORES E CONSEQUÊNCIAS EMOCIONAIS

1. **A:** seu superior acusa-o falsamente de roubo e o ameaça com a sua demissão.
2. **B:** você reage, "Como ele se atreve? Ele não tem nenhum motivo para me acusar!".
3. **C:** você fica com raiva.

O ABC de Ellis tenta mostrar que o evento B é o que faz com que o evento C ocorra e que A não é a causa direta de C. Você não fica com raiva por ser falsamente acusado e ameaçado de perder seu emprego; você fica com raiva por causa da crença que ocorre em B.

> ### Definições Médicas
> **TERAPIA COGNITIVO-COMPORTAMENTAL:** tipo de psicoterapia em que um indivíduo trabalha com um psicoterapeuta durante uma quantidade limitada de sessões, e de forma muito bem estruturada, de modo que o indivíduo possa começar a entender quais sentimentos e pensamentos influenciam seu comportamento.

AS TRÊS OBRIGAÇÕES BÁSICAS

Ellis afirma que existem três crenças perturbadoras e irracionais que todos nós compartilhamos, não importando quão diferentes possam ser as formas como as expressamos. Dentro de cada crença há uma demanda, que pode ser sobre você mesmo, sobre outras pessoas ou sobre o mundo. Essas três crenças em comum são chamadas de as três obrigações básicas.

1. Uma pessoa deve se conduzir bem e ganhar a aprovação de outras pessoas por suas ações, ou então esse indivíduo não é bom.
2. Os outros devem tratá-lo gentilmente, de forma justa e ponderada, e da maneira exata que você gostaria de ser tratado. Caso isso não aconteça, então as outras pessoas não são boas e merecem punição ou condenação.
3. Uma pessoa deve conseguir o que quer, quando quer, e não deve obter algo que não queira. Caso uma pessoa não consiga o que quer, então isso é terrível e ela não consegue suportar.

A primeira crença geralmente levará a sentimentos de ansiedade, depressão, culpa e vergonha. A segunda crença geralmente levará a sentimentos de agressão passiva, raiva e violência. A terceira crença geralmente leva à procrastinação e sentimentos de pena por si mesmo. Enquanto as crenças flexíveis e não exigentes podem resultar em comportamento e emoções saudáveis, quando essas crenças são exigentes, problemas e neuroses podem começar a surgir.

O PAPEL DO QUESTIONAMENTO

A principal ideia por trás da Terapia Racional Emotiva e Comportamental de Ellis é ajudar a transformar as crenças irracionais do paciente em crenças que sejam racionais. Isso é feito com o terapeuta questionando as crenças irracionais do paciente. Por exemplo, um terapeuta pode perguntar a seu cliente, "Por que os outros devem tratá-lo gentilmente?". À medida que o paciente tenta responder a essa pergunta, ele lentamente chega à conclusão de que não há nenhum motivo racional para que essas crenças ocorram.

OS TRÊS INSIGHTS

Ellis acreditava que todo mundo tem a tendência de pensar irracionalmente, mas a frequência, a duração e a intensidade podem ser reduzidas com o uso de três insights:

1. As pessoas não ficam simplesmente aborrecidas, mas ficarão como resultado de ter crenças inflexíveis.
2. Não importa qual seja o motivo para ficar aborrecido; as pessoas continuam a se sentir assim porque não abandonam suas crenças irracionais.
3. A única forma de melhorar é trabalhando duro para mudar essas crenças. Isso exige uma prática intensa.

ACEITAÇÃO DA REALIDADE

Para ser emocionalmente saudável, a pessoa precisa aceitar a realidade, mesmo quando essa realidade é desagradável. Na TREC, o terapeuta tenta ajudar o indivíduo a alcançar três tipos diferentes de aceitação:

1. **Aceitação incondicional de si mesmo:** um indivíduo tem de aceitar que é falível, que não há motivo para não ter falhas e que ele não vale nem mais nem menos do que qualquer outra pessoa.
2. **Aceitação incondicional do outro:** um indivíduo tem de aceitar que, às vezes, será tratado injustamente por outras pessoas, que não há nenhum motivo para que as outras pessoas sejam obrigadas a tratá-lo com justiça e que aqueles que o tratam de forma injusta não valem nem mais nem menos do que qualquer outra pessoa.
3. **Aceitação incondicional da vida:** um indivíduo tem de aceitar que a vida nem sempre funciona da maneira que esperava, que não há nenhum motivo para a vida seguir da maneira que esperava e que a vida, embora às vezes possa ser desagradável, nunca é completamente terrível e é suportável.

A Terapia Racional Emotiva e Comportamental de Albert Ellis é atualmente uma das formas mais populares de terapia, e abriu caminho para todos os tipos de terapia cognitivo-comportamental.

TERAPIA COGNITIVO-COMPORTAMENTAL
Tornar-se consciente do comportamento negativo

A terapia cognitivo-comportamental, comumente usada para tratar distúrbios como depressão, fobias, ansiedade e vício, é uma forma de tratamento psicoterapêutico centrada na mudança do comportamento negativo pela alteração dos pensamentos e sentimentos influentes que um indivíduo possui. Na terapia cognitivo-comportamental, acredita-se que os pensamentos e os sentimentos efetivamente influenciam e reforçam o comportamento de uma pessoa.

Por exemplo, de acordo com a terapia cognitivo-comportamental, se uma pessoa pensa constantemente em acidentes de carro, isso influenciará seu comportamento e ela pode até evitar entrar em um carro ou dirigir. Se alguém pensa negativamente sobre sua autoimagem e habilidades, terá baixa autoestima e, assim, poderá perder oportunidades ou evitar situações sociais.

Quando um indivíduo muda seus padrões de pensamento, o comportamento também muda. A terapia cognitivo-comportamental preocupa-se em ajudar um indivíduo a tratar de um problema muito específico que esteja sofrendo; por essa razão, a terapia é geralmente um processo de curto prazo. Com a terapia cognitivo-comportamental, o indivíduo começa a aprender que, embora possa não ser capaz de controlar tudo o que acontece no mundo exterior, tem a capacidade de controlar a forma de abordar e interpretar as coisas que acontecem em seu ambiente.

AS ETAPAS DA TERAPIA COGNITIVO-COMPORTAMENTAL

A terapia cognitivo-comportamental pode ser dividida em duas etapas. A primeira etapa da terapia cognitivo-comportamental é conhecida como análise funcional. Durante essa etapa, um terapeuta cognitivo-comportamental ajuda o indivíduo a identificar quais de suas crenças são problemáticas. É nesse momento que o terapeuta entende quais situações, sentimentos e pensamentos contribuem para o comportamento inadequado. Embora essa etapa possa ser difícil para um paciente, a percepção resultante e a autodescoberta são essenciais para o processo.

A segunda etapa da terapia cognitivo-comportamental é dedicada aos comportamentos específicos. Durante essa etapa, um indivíduo começará a aprender e ensaiar novas habilidades que pode então aplicar no mundo real. Este é geralmente um processo gradual em que um indivíduo trabalha progressivamente em prol de seu objetivo. À medida que cada passo for introduzido, o objetivo principal parecerá cada vez menos assustador e mais plausível.

TERAPIA MULTIMODAL

Uma forma comum de terapia cognitivo-comportamental (além da Terapia Racional Emotiva e Comportamental anteriormente mencionada) é a Terapia Multimodal, de Arnold Lazarus, que incorpora todas as características de personalidade na terapia, em vez de simplesmente concentrar-se em um ou dois elementos.

A Terapia Multimodal de Lazarus foi desenvolvida com base na premissa de que todas as pessoas são seres biológicos que experimentam certas modalidades. Essas modalidades são representadas pela capacidade de experimentar emoções, imaginar, pensar, sentir, cheirar, agir e se relacionar com outras pessoas.

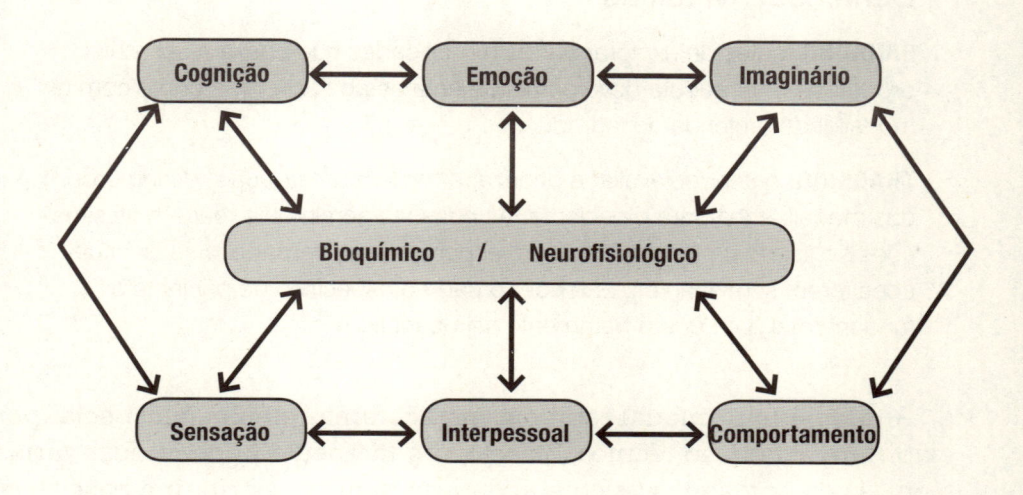

CONCEPÇÃO DAS MODALIDADES DE LAZARUS

Lazarus listou essas modalidades sob o acrônimo "BASIC I.D.".

- Comportamento (**b**ehavior).
- Reações **a**fetivas ou emoções.
- Reações **s**ensoriais, como ouvir, tocar, ver, cheirar e degustar.
- **I**maginário, que inclui autoimagem, pensar em imagens e outros.
- **C**ognição, que inclui crenças, opiniões, atitudes, pensar com palavras etc.
- **I**nterpessoais, ou como as pessoas se comunicam com outras pessoas.
- **D**rogas e biologia, incluindo medicamentos, saúde, exercícios físicos, sono, dieta etc.

O tratamento específico na terapia multimodal é único para cada paciente. Antes de iniciar a terapia, o indivíduo realiza uma consulta que ajuda o terapeuta a entender quais as modalidades que estão sendo negligenciadas e quais estão sendo priorizadas pela pessoa. A terapia inicia concentrando-se naquela modalidade que será mais benéfica para o paciente. No final, porém, haverá intervenções com todas as modalidades.

Definições Médicas

BRIDGING: antes de explorar outras modalidades que possam ser mais produtivas, o terapeuta deve primeiramente estabelecer uma ponte com a modalidade preferida do indivíduo.

TRACKING: entender, avaliar e priorizar a "ordem de ativação" ("firing order") das modalidades para o paciente. As pessoas geralmente reagem às situações seguindo um padrão, e isso é especialmente verdadeiro se as situações forem semelhantes. Entender o padrão específico do paciente é fundamental para que o tratamento seja benéfico.

A terapia multimodal também merece uma referência especial por exibir um ecletismo técnico, ou seja, um terapeuta pode utilizar várias técnicas e abordagens psicoterapêuticas, sem se restringir a bases teóricas específicas.

TERAPIA COGNITIVA

Criada pelo psicólogo Aaron Beck na década de 1960, a terapia cognitiva é outra forma popular de terapia cognitivo-comportamental.

Na teoria cognitiva, acredita-se que a informação seja constantemente filtrada e interpretada, e que esse processo leva a erros, falsas crenças e emoções negativas. Há dez padrões reconhecidos de pensamento equivocado aos quais os terapeutas se referem como distorções cognitivas. Para mudar a forma como você se comporta, é preciso primeiro mudar seus processos de pensamento, o que pode ser feito pela compreensão e pela correção das distorções cognitivas que se aplicam a você. As dez distorções cognitivas são as seguintes:

1. **Generalização excessiva:** usar uma situação isolada e assumir amplamente que todas as outras são da mesma maneira.
2. **Desqualificar o positivo:** agir como se os acontecimentos que são positivos não contassem.
3. **Pensamento tudo ou nada:** somente pensar em termos absolutos e não reconhecer que pode haver um meio-termo.
4. **Raciocínio emocional:** em vez de analisar objetivamente uma situação estudando os fatos, a pessoa deixa que as emoções controlem seus pensamentos sobre a situação.
5. **Tirar conclusões precipitadas:** assumir o pior mesmo quando não há provas suficientes para apoiar essa afirmação.
6. **Ampliação e minimização:** subestimar os acontecimentos positivos e prestar atenção demais aos acontecimentos negativos.
7. **Filtro mental:** ignorar todos os eventos positivos que ocorrem na vida e recordar mentalmente os acontecimentos ruins.
8. **Afirmações "E se":** em vez de tentar lidar com as coisas do jeito que elas realmente são, pensar em como elas deveriam ser.
9. **Personalização:** culpar a si mesmo de coisas que estão fora de seu controle.
10. **Rotular e tachar:** rotular de forma falsa e cruel as outras pessoas e a si mesmo.

Segundo a terapia cognitivo-comportamental, a pessoa deve mudar um processo de pensamento negativo para mudar um comportamento negativo. Por meio de abordagens como a Terapia Racional Emotiva e Comportamental, a terapia cognitiva e a Terapia Multimodal, os pacientes podem vir a compreender e lutar contra seus padrões de pensamento negativo e, então, aprender novas habilidades necessárias para combater o comportamento negativo.

HEURÍSTICA
Tomar decisões

A heurística diz respeito às estratégias mentais rápidas que as pessoas utilizam para resolver problemas. Elas são muitas vezes chamadas de estratégias "regra de ouro" e permitem que uma pessoa tome uma decisão rápida e eficiente sem precisar parar e ponderar sobre qual seria o próximo curso de ação. Embora seja geralmente muito útil, a heurística também pode levar a erros, que são chamados de vieses. Em 1974, Daniel Kahneman e Amos Tversky identificaram o que consideravam ser as três principais formas de heurística, uma designação que aplicamos até hoje.

HEURÍSTICA DA DISPONIBILIDADE

A heurística da disponibilidade ajuda as pessoas a decidirem a probabilidade ou possibilidade de um evento ocorrer usando exemplos baseados naquilo de que conseguem se lembrar. Isso pode muitas vezes levar a vieses porque, em vez de se basear em dados completos para fazer um julgamento sobre a possibilidade, uma pessoa se baseia exclusivamente em suas lembranças. Os cientistas acreditam que os eventos recordados de forma fácil e rápida são geralmente os mais recentes.

Por exemplo, se um indivíduo assiste ao noticiário e vê várias histórias sobre execuções hipotecárias, pode acreditar que, em geral, há uma probabilidade elevada de ocorrência de execução hipotecária, ou se um indivíduo consegue rapidamente fornecer exemplos de amigos que estão se divorciando, pode afirmar que a taxa de divórcios está mais elevada, independentemente de quais possam ser as estatísticas reais.

A heurística da disponibilidade também pode fazer as pessoas superestimarem a probabilidade de eventos improváveis — elas podem ficar com medo de voar depois de ver um artigo sobre um recente desastre de avião. Por outro lado, podem subestimar a probabilidade de outros eventos que são prováveis — por exemplo, as pessoas podem achar que sua probabilidade de contrair uma doença sexualmente transmissível a partir do sexo sem proteção é baixa porque seus amigos tiveram relações sexuais sem proteção e não contraíram uma DST, embora na verdade estejam com risco elevado.

ANCORAGENS E AJUSTES

As ancoragens e os ajustes heurísticos são baseados na ideia de que as pessoas muitas vezes fundamentam suas decisões ou estimativas em "âncoras" ou pontos de referência. Essas âncoras são pedaços de informações que são recuperados da memória da pessoa e ajustados em uma tentativa de se encaixar nos critérios da decisão. Por exemplo, alguém lhe pergunta o seguinte:

O rio Mississippi tem um comprimento maior ou menor do que 3.200 quilômetros? Será que ele é maior ou menor do que 8 mil quilômetros?

Ao responder à primeira parte da pergunta, você terá uma âncora para responder à segunda parte e, assim, baseará sua segunda resposta a partir dessa âncora.

HEURÍSTICA DA REPRESENTATIVIDADE

A heurística da representatividade descreve como as pessoas muitas vezes determinam a probabilidade de um evento ou resultado procurando um evento conhecido com o qual podem comparar e, então, assumindo que as probabilidades serão as mesmas. Na heurística da representatividade, o maior erro é a suposição de que a semelhança em um aspecto resultará em semelhanças em outros aspectos.

Por exemplo, ao ver um homem com braços cobertos por tatuagens vestindo uma jaqueta de couro, uma pessoa pode usar a heurística da representatividade e assumir que esse homem mais provavelmente dirige uma motocicleta. A pessoa acredita que ele é representativo do que seria um motoqueiro e agrupa o homem nessa categoria.

A heurística da representatividade também pode ser usada para explicar a "falácia do jogador", em que as pessoas supõem incorretamente que têm a capacidade de prever eventos aleatórios ou uma série de vitórias ou derrotas consecutivas com base em informações anteriores, embora a probabilidade de ocorrência do evento seja a mesma. Por exemplo, se uma moeda for lançada várias vezes e o resultado for sempre "cara", se uma pessoa afirmar que no próximo lançamento certamente sairá "coroa" porque "cara" já saiu muitas vezes, ela estará ignorando completamente o fato de que há uma chance de 50% de dar qualquer uma das faces. A heurística da representatividade também faz as pessoas ignorarem as taxas básicas, ou seja, a frequência de um evento ocorrer.

HARRY STACK SULLIVAN
(1892-1949)

Psicanálise interpessoal

Harry Stack Sullivan nasceu em 21 de fevereiro de 1892, em Norwich, Nova York. Filho de imigrantes irlandeses, Sullivan cresceu em uma cidade com sentimentos anticatólicos, o que o deixou se sentindo isolado socialmente — situação que mais tarde o levaria ao desenvolvimento do conceito de "isolamento social" em seu trabalho.

Em 1917, Sullivan obteve o mestrado pela Chicago College of Medicine and Surgery. Sullivan é mais conhecido por seu trabalho em relações interpessoais e solidão entre aqueles que sofrem de doenças mentais, por seu trabalho com pessoas que sofrem de esquizofrenia e por suas modificações na obra de Sigmund Freud. Embora acreditasse nos princípios fundamentais de Freud, sua abordagem a respeito da psicanálise começou a se afastar da de Freud — mais significativamente, do conceito de desenvolvimento psicossexual de Freud.

De 1925 a 1929, Harry Stack Sullivan trabalhou intensamente com esquizofrênicos sem o uso de nenhuma medicação e teve grande sucesso. Sullivan afirmava que a doença não era incurável e que a esquizofrenia era em grande parte resultante de forças culturais. Todos os homens envolvidos nos estudos eram gays, o que talvez tivesse chamado a atenção para Sullivan, que muitos acreditam ter passado toda a vida como um gay enrustido. De fato, um dos pacientes do estudo acabaria mais tarde se tornando seu amante, indo morar com ele, embora o cavalheiro tivesse sempre sido chamado de filho adotivo.

Em 1933 e em 1936, Sullivan ajudou a instituir a Fundação Psiquiátrica William Alanson White e a Washington School of Psychiatry, respectivamente. Após a Segunda Guerra Mundial, Sullivan ajudou a fundar a Federação Mundial de Saúde Mental e, em 1938, fundou e tornou-se editor da publicação *Psychiatry*. Em 14 de janeiro de 1949, Harry Stack Sullivan morreu. Ele estava com 56 anos. O trabalho de Sullivan sobre personalidade e técnicas psicoterapêuticas continua a influenciar o campo da psicologia.

TEORIA INTERPESSOAL DE HARRY STACK SULLIVAN

Embora tendo uma vida em grande parte isolada, Harry Stack Sullivan compreendeu o significado que as relações interpessoais poderiam representar para um indivíduo. Sullivan acreditava que a personalidade era principalmente o resultado das relações que as pessoas têm umas com as outras. Sullivan entendia a personalidade como um sistema de energia, composta por ações reais, que ele chamava de transformações de energia, ou pelo potencial para ações, que ele chamava de tensão. Sullivan identificou dois tipos de tensões: necessidades e ansiedade.

Necessidades

Para reduzir as necessidades é preciso uma ação. As necessidades estão relacionadas com zonas específicas de uma pessoa, como os órgãos genitais ou a boca, ou o bem-estar geral de um indivíduo. As necessidades são fisiológicas, como a necessidade por alimento e oxigênio, ou interpessoais, como a necessidade por intimidade e ternura.

Ansiedade

A ansiedade não pode ser aliviada por ações consistentes. Sullivan afirmava que esta é a principal força de ruptura para as relações interpessoais. Se a ansiedade e as tensões estiverem completamente ausentes de um indivíduo, então esse indivíduo passará pela euforia.

DINAMISMOS

Sullivan se referia a um padrão normal de comportamento como um dinamismo, e acreditava que os dinamismos poderiam se relacionar com tensões ou zonas específicas do corpo. Ele identificou quatro dinamismos:

- **Intimidade:** uma relação pessoal estreita entre dois indivíduos que são iguais em status. Isso diminui a solidão e a ansiedade, e incentiva o desenvolvimento interpessoal.
- **Luxúria:** esse é um desejo autocentrado que pode ser satisfeito sem uma relação interpessoal íntima. A luxúria é um dinamismo baseado inteiramente em gratificação sexual e não exige necessariamente outro indivíduo para essa necessidade ser satisfeita.
- **Malevolência:** o ódio, o mal e a sensação de que você está vivendo entre seus inimigos definem esse dinamismo. As crianças malévolas

terão dificuldade com a intimidade e a capacidade de dar e receber carinho.
- **Autossistema:** esse é um padrão de comportamento que mantém a segurança interpessoal de um indivíduo e protege-o da ansiedade. Esse tipo de dinamismo geralmente reprime qualquer mudança na personalidade. Se nosso autossistema sente algo inconsistente, as operações de segurança (ações psicológicas com o objetivo de reduzir as tensões interpessoais) se tornam necessárias. As operações de segurança incluem coisas como dissociação, em que um indivíduo bloqueia as experiências de seu consciente, e desatenção seletiva, em que um indivíduo bloqueia experiências específicas de seu consciente.

PERSONIFICAÇÕES

De acordo com Harry Stack Sullivan, as pessoas desenvolvem personificações de si mesmas por meio de interações com outras pessoas. Essas personificações são as seguintes:

1. **Eu Mau:** trata-se de aspectos do *self* de uma pessoa que estão escondidos do resto do mundo e, possivelmente, de si mesmo, porque são considerados negativos. Muitas vezes sentimos ansiedade porque o "eu mau" é que está sendo reconhecido pela consciência. Por exemplo, quando uma pessoa se lembra de uma ação que resultou em constrangimento.
2. **Eu Bom:** representa tudo o que um indivíduo gosta em si mesmo. O "eu bom" não gera ansiedade, é compartilhado com outras pessoas e, consequentemente, é o que o indivíduo escolherá para colocar seu foco.
3. **Não Eu:** é representado por tudo aquilo que cria uma ansiedade tão grande que, na verdade, é empurrado para o inconsciente de modo que seja mantido fora de nossa consciência.

De forma muito parecida à de Sigmund Freud, Harry Stack Sullivan acreditava que as experiências da infância e o papel da mãe desempenhavam uma função fundamental no desenvolvimento da personalidade de um indivíduo. No entanto, ao contrário de Freud, Sullivan acreditava que a personalidade podia se desenvolver após a adolescência e na idade adulta. Ele se referia a esses estágios de desenvolvimento como "épocas" e acreditava que as pessoas passavam por elas em uma ordem específica não ditada pelo tempo, mas pelo ambiente social do indivíduo. As épocas de desenvolvimento de Sullivan são:

- **Primeira infância (nascimento até 1 ano):** durante essa época a figura da mãe dá ternos [conforto] para a criança e a criança aprende a ansiedade.
- **Infância (1 a [...] anos):** a mãe ainda é a principal relação interpessoal [...] mas agora passa a ser diferenciada das outras pessoas [impor]tantes para a criança.
- [**Juventude** ([...] a 8 anos):] a criança começa a precisar de companheiros que s[ejam da mesma fa]ixa ou colegas do mesmo status. Esse é o início da socia[lização —] uma criança deve aprender a cooperar, estabelecer compro[missos] e competir com outras crianças.
- [**Pré-a]dolescência (9 a 12 anos):** esse é o estágio mais importante [porq]ue quaisquer erros cometidos antes dessa época podem ser cor[rigi]dos, mas erros cometidos durante esse estágio se tornam extremamente difíceis de corrigir mais tarde na vida. Esse estágio é definido pela criança ao desenvolver um amigo íntimo ou um melhor amigo. Caso não aprenda a intimidade nesse estágio, enfrentará dificuldades com parceiros sexuais mais tarde na vida.
- **Início da adolescência (13 a 17 anos):** essa época começa com o início da puberdade. A necessidade por amizade agora coexiste com uma necessidade de expressão sexual na medida em que o interesse começa a se voltar para o sexo oposto. Durante esse estágio, o dinamismo da luxúria aparece pela primeira vez. Se uma criança não tiver uma capacidade de intimidade já estabelecida, amor e luxúria podem ser confundidos entre si e o indivíduo poderá ter relações sexuais que não apresentem uma intimidade real.
- **Fim da adolescência (18 a 23 anos):** embora essa época possa ocorrer quando um indivíduo ainda tem 16 anos, o final da adolescência se instala quando existe a capacidade de sentir ao mesmo tempo intimidade e luxúria em relação a uma pessoa, e um relacionamento de longo prazo é seu foco principal. Essa época também é caracterizada pelo indivíduo que aprende a lidar com a vida no mundo adulto.
- **Idade adulta (acima de 23 anos):** durante essa época, o indivíduo estabelece sua carreira, segurança financeira e família, e seu padrão de visão do mundo é estável. Se as épocas anteriores tiverem sido bem-sucedidas, os relacionamentos e a socialização se tornam mais fáceis; no entanto, se não houve sucesso nas épocas anteriores, os conflitos interpessoais que levam à ansiedade serão muito mais comuns.

A partir do extenso trabalho de Harry Stack Sullivan sobre personalidade surgiu a psicanálise interpessoal, uma forma de psicanálise centrada na compreensão das psicopatias através de um indivíduo por meio da análise das interações de seu passado. Embora as teorias de Sullivan tivessem se tornado menos populares, sua influência na psicologia permanece.

O MÁGICO NÚMERO SETE, MAIS OU MENOS DOIS
Limites de memória

Em 1956, o psicólogo cognitivo George A. Miller publicou seu, agora famoso, artigo "O mágico número sete, mais ou menos dois: alguns limites em nossa capacidade de processar informações". Nele, Miller teorizava que a memória de curto prazo de uma pessoa (MCP) só consegue armazenar cerca de sete itens, mais ou menos dois, em dado momento. Para lidar com qualquer informação que seja maior que sete itens, devemos primeiro organizar essa informação em pedaços maiores. Por exemplo, combinando palavras em frases, ou combinando frases em histórias, somos capazes de reter mais de sete palavras em nossa memória de curto prazo. No entanto, nossa memória ainda só tem capacidade de guardar sete desses pedaços de cada vez. Por exemplo, um indivíduo terá dificuldade para conseguir se lembrar da sequência a seguir porque ela tem mais de sete números:

4 8 1 9 7 6 2 0 1 3

No entanto, agrupando naturalmente esses números em pedaços, nossa memória de curto prazo será capaz de recuperar todos eles. Na sequência, se agruparmos os números (digamos que os agrupemos com algo familiar, como anos) podemos transformar a sequência de dez números na seguinte sequência:

4 – 8 – 1976 – 2013

Antes, teríamos dificuldade para recordar os dez números individualmente, mas agora só temos uma sequência que consiste de quatro pedaços, e é muito mais fácil de lembrar.

Para melhorar a capacidade da memória de curto prazo de uma pessoa, a informação precisa ser organizada em pedaços maiores. Ao tomar partes pequenas e organizá-las em conjuntos maiores, uma pessoa consegue melhorar sua memória.

RECODIFICAÇÃO

Em seu artigo, Miller citou o trabalho do psicólogo Sydney Smith, que conseguia memorizar longos arranjos de quatro dígitos binários — sequências numéricas compostas por diversos números 1 e 0. Os arranjos de quatro números binários são o equivalente a um único dígito decimal. Por exemplo, o número 2 é expresso como 0010. Smith percebeu que dezesseis números binários podiam ser expressos como quatro números decimais e ele utilizou essa proporção de 4:1 para aumentar sua capacidade de memória de dez dígitos binários a fim de conseguir se lembrar de quarenta dígitos binários. Ao final de seu trabalho, Smith conseguiu memorizar dez números decimais consecutivos e convertê-los em dígitos binários, criando uma lista de quarenta números binários.

Em 1980, os psicólogos K. Anders Ericsson, Herbert Simon e Bill Chase decidiram expandir essa noção de recodificação. Durante uma hora por dia, de três a cinco dias por semana, e por mais de um ano e meio, os psicólogos fizeram um estudante de graduação memorizar sequências de dígitos decimais aleatórios. Inacreditavelmente, ao final do estudo, a capacidade de memória do estudante tinha passado de se lembrar de sete dígitos para ser capaz de memorizar 79 dígitos. Logo depois de ouvir uma sequência de 79 dígitos aleatórios, o estudante repetia perfeitamente a série inteira, e podia até se lembrar de sequências de dígitos de dias anteriores.

O estudante envolvido no estudo não recebeu nenhum método específico para codificar esses números; na verdade, ele aplicou a própria experiência pessoal no processo. Como era um corredor, codificava essas sequências de números como tempos de corrida — o número 3593 tornou-se 3 minutos e 59 ponto 3 segundos. Posteriormente, ele passou a utilizar a idade como método de codificação.

O trabalho de George A. Miller e Ericsson, Simon e Chase mostra que, quando se utilizam esquemas complexos e elaborados de codificação para gerar organização, a memória de uma pessoa realmente funciona melhor.

ERICH FROMM (1900-1980)
Necessidades humanas fundamentais

Erich Fromm, filho único de pais judeus ortodoxos, nasceu em Frankfurt, Alemanha, em 23 de março de 1900. Fromm descreveu sua infância como ortodoxa e extremamente neurótica, e sua educação religiosa teria grande impacto no seu trabalho em psicologia.

Durante o início da Primeira Guerra Mundial, Fromm interessou-se em entender o comportamento de grupo e com apenas 14 anos começou a estudar a obra de Sigmund Freud e Karl Marx. Em 1922, Fromm formou-se pela Universidade de Heidelberg com um doutorado em sociologia e começou a trabalhar como psicanalista. Quando o partido nazista assumiu o poder, Fromm fugiu da Alemanha e começou a dar aulas na Universidade Columbia, em Nova York, onde conheceria e trabalharia com Karen Horney e Abraham Maslow.

Fromm é considerado uma das figuras mais importantes em psicanálise durante o século XX e teve grande influência sobre a psicologia humanista. Do mesmo modo que Carl Jung, Alfred Adler, Karen Horney e Erik Erikson, Fromm pertenceu a um grupo conhecido como neofreudianos. O grupo concordava com grande parte das afirmações de Freud, mas também era muito crítico em relação a partes específicas e incorporou as próprias crenças nas teorias de Freud.

A obra de Fromm combinava as ideias de Sigmund Freud e Karl Marx. Enquanto Freud enfatizava o inconsciente e a biologia, Marx enfatizava o papel dos sistemas sociais e econômicos. Fromm acreditava que havia momentos em que os fatores biológicos desempenhavam grande papel na determinação do comportamento do indivíduo, e outros em que os fatores sociais desempenhavam grande papel. No entanto, ele apresentou, em seguida, a ideia do que acreditava ser a verdadeira natureza da humanidade: a liberdade. Fromm é mais conhecido por seu trabalho em psicologia política, caráter humano e amor. Em 1944, mudou-se para o México, onde acabaria criando o Instituto Mexicano de Psicanálise e trabalharia como diretor até 1976. Em 18 de março de 1980, Erich Fromm morreu de ataque cardíaco em Muralto, na Suíça.

As discordâncias neofreudianas

Durante o desenvolvimento das próprias teorias, os neofreudianos apresentaram problemas semelhantes em relação à obra de Freud. São eles:

- Visão negativa de Freud sobre a humanidade.
- Crença de Freud de que a personalidade de um indivíduo é na maior parte, se não totalmente, moldada por suas experiências na infância.
- O fato de Freud não incluir o impacto que as influências sociais e culturais podem ter na personalidade e no comportamento.

LIBERDADE

Fromm afirmava que a liberdade — não confundir com libertação ou liberdade política — é algo de que as pessoas ativamente tentam fugir. No entanto, por que alguém tentaria evitar ser livre? Embora Fromm concordasse com a crença comum de que para haver liberdade individual deve haver liberdade da autoridade externa, ele também afirmava que existem processos psicológicos dentro das pessoas que limitam e restringem a liberdade. Portanto, para um indivíduo alcançar uma verdadeira forma de liberdade, deve primeiro superar esses processos psicológicos. Segundo Fromm, a liberdade significa ser independente e não contar com ninguém além de seu próprio "eu" para qualquer senso de propósito ou significado. Isso pode levar a sentimentos de isolamento, medo, alienação e insignificância. Em casos graves, a forma mais verdadeira de liberdade poderia até mesmo levar à doença mental. Fromm acabou concluindo que, por ser psicologicamente difícil ter liberdade, as pessoas tentam evitá-la. E postulou três formas principais em que isso pode acontecer:

1. **Autoritarismo:** as pessoas vão aderir e fazer parte de uma sociedade autoritária submetendo o seu poder ou tornando-se autoritárias. Embora Fromm tivesse observado que as versões extremas disso seriam o sadismo e o masoquismo, os tipos menos extremos de autoritarismo podem ser encontrados em todos os lugares como entre professor e aluno.
2. **Destrutividade:** quando as pessoas destroem tudo ao redor em resposta ao próprio sofrimento. A partir da destrutividade são criados a humilhação, a brutalidade e os crimes. A destrutividade também pode ser direcionada para dentro; isto é conhecido como autodestruição, e o exemplo mais óbvio é o suicídio. Enquanto Freud acreditava que a

destrutividade era o resultado da autodestruição sendo direcionada aos outros, Fromm acreditava que o oposto é que era verdade, afirmando que a autodestruição era consequência da frustração com a destrutividade.
3. **Conformidade de autômato:** em sociedades menos hierárquicas, as pessoas têm a capacidade de se esconder na cultura de massa. Ao desaparecer na multidão — seja na forma como fala, veste-se, pensa etc. — uma pessoa já não tem de assumir a responsabilidade e, portanto, não tem de reconhecer sua liberdade.

As escolhas que as pessoas fazem sobre como evitar sua liberdade podem depender do tipo de família em que foram criadas. De acordo com Fromm, uma família saudável e produtiva é aquela em que os pais são responsáveis por proporcionar aos filhos uma atmosfera de amor ao ensinar sobre pensar. Isso permite que os filhos cresçam aprendendo a assumir responsabilidade e reconhecer sua liberdade. No entanto, existem também famílias não produtivas, e essas são as famílias, argumentou Fromm, que promovem o comportamento de evitar assumir a responsabilidade e reconhecer a liberdade:

1. **Famílias simbióticas:** nesse tipo de família, as personalidades dos membros não se desenvolvem completamente, pois outros membros da família "os absorvem". Por exemplo, quando a personalidade de um filho simplesmente reflete os desejos de seus pais, ou quando um filho exerce tanto controle em relação aos seus pais que a existência deles gira em torno de atender ao filho.
2. **Famílias apartadas:** nesse tipo de família, os pais esperam que os filhos vivam de acordo com padrões elevados e são extremamente exigentes. Esse tipo de educação dada pelos pais envolve também a punição ritualizada, geralmente combinada com o discurso de que isso é feito "para o seu próprio bem". Outra forma de punição encontrada nesse tipo de família não é física e sim emocional, com o uso da culpa ou remoção de qualquer tipo de afeto.

Contudo, Fromm acreditava que a educação pelos pais era apenas uma parte da equação. Ele afirmava que as pessoas estão tão acostumadas a seguir ordens que agem em conformidade com essas ordens sem nem mesmo se dar conta disso, e que as regras da sociedade estão incorporadas em nossa consciência e refreiam as pessoas de realmente alcançar a liberdade. Ele chamou isso de inconsciente social.

NECESSIDADES HUMANAS DE FROMM

Fromm distinguia entre "necessidades humanas" e "necessidades animais". As necessidades animais, segundo Fromm, são as necessidades fisiológicas básicas, enquanto as necessidades humanas são as que ajudam as pessoas a encontrar a resposta à sua existência e significam um desejo de se integrar com o mundo natural.

Na concepção de Fromm, existem oito necessidades humanas:

1. **Parentesco:** necessidade de relacionamentos com outras pessoas.
2. **Transcendência:** como as pessoas são colocadas neste mundo sem o seu consentimento, temos a necessidade de superar, ou transcender, nossa natureza por meio da criação ou da destruição.
3. **Enraizamento:** necessidade de criar raízes e se sentir em casa neste mundo. Se feito de forma produtiva, resultará em crescimento afastando-se dos laços entre mãe e filho; no entanto, se não conduzido de forma produtiva, pode resultar em ter medo de se afastar da segurança da mãe.
4. **Sentimento de identidade:** Fromm acreditava que, para permanecer sã, uma pessoa precisa ter um senso de individualidade. Esse desejo por uma individualidade pode ser tão intenso que leva uma pessoa a querer ficar em conformidade, o que, em vez de criar uma identidade individual, acabará fazendo com que pegue e desenvolva uma identidade dos outros.
5. **Um quadro de orientação:** uma pessoa necessita compreender o mundo e como esta se encaixa nele. As pessoas podem encontrar uma estrutura em sua religião, ciência, filosofias pessoais ou qualquer coisa que ajude a lhes proporcionar um ângulo de referência a partir do qual ver o mundo
6. **Excitação e estimulação:** tentar ativamente alcançar um objetivo em vez de apenas reagir passivamente.
7. **Unidade:** necessidade de sentir-se unido com o mundo natural e o mundo humano.
8. **Eficácia:** necessidade de se sentir como se estivesse realizado.

Erich Fromm é considerado um dos psicólogos mais importantes e influentes do século XX. Ele desempenhou papel fundamental na psicologia humanista e via a humanidade como uma contradição. A vida, segundo Fromm, é um desejo de ao mesmo tempo fazer parte da natureza e ficar separado desta, e a liberdade é algo que as pessoas ativamente tentam evitar.

O EXPERIMENTO DO BOM SAMARITANO

Compreender a ajuda

Em 1978, os psicólogos John Darley e Daniel Batson criaram um experimento baseado na antiga parábola do Bom Samaritano encontrada na Bíblia.

Parábola do Bom Samaritano

Na parábola, um homem judeu que viajava de Jerusalém para Jericó é roubado, espancado e deixado na estrada para morrer. Enquanto está ali no chão, um rabino passa por ele e em vez de ajudar o homem, como deveria, finge não o ver e atravessa para o outro lado da rua. Em seguida, um levita passa perto do homem. No entanto, em vez de ajudar o pobre homem, simplesmente olha para ele e atravessa para o outro lado da rua, do mesmo modo que o rabino havia feito antes. Então, um samaritano passa perto do homem ferido na estrada. Embora os samaritanos e os judeus fossem inimigos, o samaritano atou-lhe as feridas, levou-o para uma estalagem e cuidou dele naquela noite. Na manhã seguinte, o samaritano paga o estalajadeiro e pede para que ele cuide do cavalheiro, dizendo que pagaria qualquer que fosse o custo.

Darley e Batson se propuseram a testar três hipóteses:

1. Muitos afirmam que o rabino e o levita não ajudaram o homem porque a mente deles estava concentrada em assuntos religiosos e, portanto, eles estavam muito distraídos. A primeira hipótese a ser testada por Darley e Batson era ver se as pessoas que pensam em religião se sentiriam menos persuadidas a ajudar do que uma pessoa não focada primordialmente em religião.
2. A segunda hipótese era ver se as pessoas que estão com pressa ficariam menos propensas a ajudar ou manifestar um comportamento de ajuda.

3. A terceira hipótese era saber se as pessoas que se voltam para a religião para compreender o significado da vida e obter uma visão espiritual são mais propensas a ajudar do que uma pessoa que busca a religião para obter ganhos pessoais.

EXPERIMENTO: O EXPERIMENTO DO BOM SAMARITANO

Os participantes do experimento são estudantes de teologia que primeiramente preenchiam um questionário sobre sua filiação religiosa e sobre aquilo em que acreditam; as respostas são utilizadas para avaliar a terceira hipótese.

1. Os estudantes são colocados em uma classe onde assistem a uma palestra sobre teologia. Em seguida, são informados de que precisam se deslocar para outro prédio.
2. Entre os edifícios, um ator está deitado no chão parecendo ferido e com extrema necessidade de ajuda.
3. Para testar como um senso de urgência afeta os participantes, alguns estudantes são solicitados a se apressar, pois só têm alguns minutos para chegar ao outro prédio. Os outros são informados de que não há necessidade de pressa.
4. Para testar a mentalidade dos participantes, alguns estudantes são informados de que darão uma palestra sobre a parábola do Bom Samaritano quando chegarem ao destino, enquanto outros são informados de que farão uma preleção sobre os procedimentos no seminário.
5. Para avaliar o comportamento dos participantes foi criada uma tabela de seis pontos que varia de "nem perceber o homem ferido" a "permanecer com ele até a chegada de ajuda".

OS RESULTADOS

Em seu experimento, Darley e Batson constataram que a pressa do participante foi o principal fator determinante para saber se ele pararia ou não para ajudar o homem ferido. Quando os participantes não estavam com nenhuma pressa, 63% deles pararam para ajudar o homem ferido. No entanto, quando os participantes estavam com pressa, somente 10% deles pararam para ajudar o homem.

Aqueles que foram orientados a dar uma palestra sobre o Bom Samaritano apresentaram uma probabilidade duas vezes maior de parar e ajudar o homem do que aqueles que foram orientados a fazer uma preleção sobre procedimentos do seminário. Isso mostra que os pensamentos de um indivíduo efetivamente representam um fator para saber se a pessoa ajudará ou não. No entanto, esse fator não é tão impactante quanto o fato de a pessoa estar ou não com pressa, pois a maioria daqueles que estavam com pressa para dar uma palestra sobre o Bom Samaritano não forneceu assistência ao homem.

Por último, o fato de o indivíduo ser religioso para obter ganhos pessoais ou uma visão espiritual não pareceu ter importância.

Quando os estudantes chegaram ao seu destino, alguns que haviam ignorado o homem ferido começaram a manifestar sentimentos de ansiedade e culpa, o que aparentemente indicava que não ajudar o homem ferido se deveu a questões de limitação de tempo e pressão, e não em função de uma atitude geral de indiferença.

No caso do experimento do Bom Samaritano, os pesquisadores conseguiram demonstrar com sucesso que o fato de um indivíduo não parar para ajudar uma "vítima" se devia somente à sua preocupação com o tempo, e que estar tão envolvido nos próprios pensamentos pode ter resultados surpreendentes.

TRANSTORNOS DE PERSONALIDADE
Quando o comportamento se desvia

Os transtornos de personalidade são padrões de comportamento e experiências interiores que se desviam das normas da cultura à qual a pessoa pertence. Esses padrões são inflexíveis e incontornáveis, começam na adolescência ou no início da idade adulta, e podem causar sofrimento ou graves danos na vida cotidiana de uma pessoa.

Os pesquisadores ainda não têm certeza do que causa os transtornos de personalidade. Enquanto alguns acreditam que esses transtornos são em consequência da genética, outros acreditam que a raiz dos transtornos de personalidade pode ser encontrada nas primeiras experiências de vida que impedem o desenvolvimento de padrões normais de comportamento e pensamento.

DIAGNÓSTICO DE UM TRANSTORNO DE PERSONALIDADE

Os psicólogos diagnosticam os transtornos de personalidade com base em critérios estabelecidos no Manual Diagnóstico e Estatístico de Transtornos Mentais (*Diagnostic and Statistical Manual of Mental Disorders* — DSM-IV). Os sintomas que um indivíduo deve exibir são os seguintes:

- Os padrões de comportamento devem afetar diferentes partes da vida de uma pessoa, incluindo, mas não limitado a, relacionamentos, trabalho e vida social.
- Os padrões de comportamento devem ser de longa duração e predominantes.
- Os sintomas devem afetar dois ou mais dos seguintes: sentimentos, pensamentos, capacidade de controlar impulsos e relacionamento com outras pessoas.
- O padrão de comportamento deve começar na adolescência ou no início da idade adulta.
- O padrão de comportamento deve ser imutável ao longo do tempo.

- Esses sintomas não podem resultar de outras condições médicas ou doenças mentais, ou do uso de drogas.

OS DIFERENTES TIPOS DE TRANSTORNOS DE PERSONALIDADE

Existem dez tipos diferentes de transtorno de personalidade, que podem ser classificados em três agrupamentos distintos com base em características semelhantes.

Agrupamento A

Os transtornos de personalidade nesse agrupamento são representados por comportamento excêntrico e estranho. Nesse agrupamento estão incluídos:

1. **Transtorno de personalidade paranoide:** este transtorno de personalidade é caracterizado por sintomas que lembram a esquizofrenia e ocorre em 2% da população adulta nos Estados Unidos. Os sintomas incluem suspeita e desconfiança contínua de outras pessoas; sentir-se como se estivesse sendo explorado, enganado ou que alguém estivesse mentindo para você; tentar encontrar significados ocultos em coisas como conversas e gestos de mão; sentir como se parceiros, familiares e amigos fossem desleais ou não confiáveis; e ter explosões de raiva em função de se sentir enganado. As pessoas que sofrem de transtorno de personalidade paranoide muitas vezes parecem sérias, ciumentas, reservadas e frias.
2. **Transtorno de personalidade esquisoide:** este é um tipo um pouco raro de transtorno de personalidade; portanto, desconhece-se o porcentual da população afetada por ele, mas entende-se que os homens são mais afetados do que as mulheres. Os sintomas do transtorno de personalidade esquisoide incluem pouco ou nenhum desejo de ter quaisquer relacionamentos íntimos com outras pessoas, participar raramente de atividades divertidas ou prazerosas, ficar isolado dos outros e ser indiferente a rejeição, críticas, afirmação ou elogios. As pessoas que sofrem de transtorno de personalidade esquizoide geralmente parecem arredias, indiferentes e frias.
3. **Transtorno de personalidade esquisotípica:** este tipo de transtorno de personalidade afeta cerca de 3% da população adulta nos Estados Unidos. Os sintomas de transtorno de personalidade

esquizotípica incluem: ter opiniões, comportamento e pensamentos excêntricos; enfrentar dificuldades quando se trata de ter relacionamentos; ter uma forma grave de ansiedade social que não desaparece, independentemente das circunstâncias; ter uma crença na própria capacidade de ler mentes, ou de ver o futuro; ter reações inadequadas, ignorando outras pessoas; e falar sozinho. As pessoas que sofrem de transtorno de personalidade esquizotípica correm mais risco de desenvolver transtornos psicóticos e depressão.

Agrupamento B
Os transtornos de personalidade nesse agrupamento são caracterizados por comportamento errático e dramático. Nesse agrupamento estão incluídos:

1. **Transtorno de personalidade antissocial:** este tipo de transtorno de personalidade é encontrado com mais frequência em homens (3%) do que em mulheres (1%). Os sintomas de transtorno de personalidade antissocial incluem: ter total indiferença pela segurança de outras pessoas e de si mesmo; enganar, ser impulsivo e ser muito agressivo e irritável (e, em consequência, sempre se meter em brigas); ser apático em relação aos outros; e não estar de acordo com as normas que foram estabelecidas pela sociedade. Consequentemente, as pessoas com transtorno de personalidade antissocial estão frequentemente em apuros com a lei.
2. **Transtorno de personalidade limítrofe:** este tipo de transtorno de personalidade afeta aproximadamente de 1% a 2% da população adulta nos Estados Unidos e é encontrado com mais frequência em homens do que em mulheres. Os sintomas do transtorno de personalidade limítrofe incluem: sofrer de ataques intensos de depressão, ansiedade e irritabilidade — variando de poucas horas a alguns dias; impulsividade; participar em comportamento autodestrutivo como o abuso de drogas ou distúrbios alimentares como meio para manipular os outros; e vivenciar um padrão predominante de relações interpessoais que são instáveis e intensas em função de ter baixa autoestima e fraca identidade própria; e constantemente idealizar e desvalorizar a outra pessoa no relacionamento
3. **Transtorno de personalidade histriônica:** este tipo de transtorno de personalidade é encontrado com mais frequência em mulheres do que em homens, e afeta de 2% a 3% da população adulta nos Estados Unidos. Os sintomas de transtorno de personalidade

histriônica incluem: necessidade constante de ser o centro das atenções; exibir comportamento inadequado que é sexual ou provocante por natureza; manifestar emoções superficiais que mudam com frequência; ser facilmente influenciado por outras pessoas; pensar nos relacionamentos como muito mais íntimos do que de fato são; e falar de forma em que falta qualquer detalhe real e é excessivamente dramático ou teatral.

4. **Transtorno de personalidade narcisista:** este tipo de transtorno de personalidade é encontrado em menos de 1% da população adulta nos Estados Unidos. Os sintomas do transtorno de personalidade narcisista incluem: ter uma ideia grandiosa da própria importância; estar preocupado com fantasias de poder e sucesso; manter uma crença de que o narcisista é único e que só deve se associar — e só pode ser compreendido — com aquelas pessoas que sejam do mesmo status; sentir-se no direito e merecedor de tratamento especial; ter inveja de outras pessoas, acreditando que têm inveja delas; tirar vantagem dos outros para ganho pessoal; ser apático em relação aos outros e desejar com frequência elogios, afirmação e atenção.

Agrupamento C

Os transtornos de personalidade nesse agrupamento são caracterizados por sentimentos e comportamentos baseados no medo e na ansiedade.

1. **Transtorno de personalidade esquiva:** este tipo de transtorno de personalidade afeta cerca de 1% da população adulta nos Estados Unidos, e aqueles que sofrem deste transtorno correm o risco de também desenvolver transtornos de ansiedade como a fobia social e a agorafobia. Os sintomas do transtorno de personalidade esquiva incluem: sentir-se inadequado; ser extremamente tímido; ser muito sensível quando se trata de qualquer tipo de rejeição ou crítica; evitar interações sociais e interpessoais (como no trabalho ou na escola); ter baixa autoestima; e desejar estar próximo de outras pessoas, mas ter problemas para criar relacionamentos com alguém que não faça parte da família imediata do indivíduo.
2. **Transtorno de personalidade dependente:** este tipo de transtorno de personalidade pode ser encontrado em aproximadamente 2,5% da população adulta nos Estados Unidos. Aqueles que sofrem dele geralmente também sofrem de transtornos de personalidade

limítrofe, esquiva ou histriônica. Os sintomas do transtorno de personalidade dependente incluem: ser sensível a qualquer tipo de rejeição ou crítica; ter baixa autoconfiança e autoestima; preocupar-se com abandono; assumir um papel passivo em um relacionamento; passar por apuros para tomar decisões por si mesmo; e evitar qualquer tipo de responsabilidade.

3. **Transtorno de personalidade obsessivo-compulsiva:** este tipo de transtorno de personalidade afeta aproximadamente 1% da população adulta nos Estados Unidos e ocorre em homens duas vezes mais do que em mulheres. Os indivíduos que sofrem deste transtorno também correm o risco de desenvolver doenças médicas causadas por distúrbios de estresse e ansiedade. Os sintomas do transtorno de personalidade obsessivo-compulsiva incluem: sentir-se impotente em qualquer situação que o indivíduo não consegue controlar completamente; ter preocupação com ordem, controle, regras, listas e perfeição; ser incapaz de jogar fora itens, mesmo que não tenham nenhum valor sentimental para a pessoa; buscar a perfeição ao ponto de realmente impedir um indivíduo de completar seu objetivo; dedicar-se tanto ao trabalho que todos os outros itens são excluídos; e ser inflexível e resistente quando se trata de mudança. As pessoas que sofrem deste transtorno são geralmente vistas como teimosas e rígidas, e muitas vezes são avarentas, considerando o dinheiro apenas algo a ser guardado para um desastre eminente e não algo para ser gasto para si mesmo ou outrem. Deve-se observar que, embora o transtorno de personalidade obsessivo-compulsiva (TPOC) compartilhe muitas semelhanças com o transtorno de ansiedade obsessivo-compulsiva (TOC), os dois são considerados transtornos completamente distintos.

Como a personalidade é essencial na vida de uma pessoa, quando um indivíduo se comporta e interage durante a vida cotidiana de uma forma que se desvia das normas estabelecidas pela sua cultura, isso pode ter um efeito verdadeiramente dramático sobre ele. Ao compreender os transtornos de personalidade e dividi-los em categorias distintas, os psicólogos conseguem entender mais e ajudar a tratar pessoas que sofrem dessas doenças.

TRANSTORNOS DISSOCIATIVOS
Não perdoar a interrupção

Os transtornos dissociativos são distúrbios que ocorrem em consequência de perturbação, interrupção ou dissociação de uma percepção, memória, identidade ou consciência do indivíduo. Quando esses aspectos fundamentais não funcionam apropriadamente, o resultado coloca o indivíduo sob grande sofrimento psíquico. Embora haja muitos tipos de transtornos dissociativos, todos compartilham determinadas características.

Os psicólogos acreditam que todos esses tipos de transtornos se originam do indivíduo que passa por algum tipo de trauma em sua vida. O indivíduo utiliza, assim, a dissociação como um tipo de mecanismo de defesa, pois a situação ou experiência é simplesmente muito difícil e traumática para que possa ser incorporada no "eu" consciente. Muitas vezes, os transtornos dissociativos, ou sintomas de transtornos dissociativos, são encontrados em outras doenças mentais específicas, que incluem o transtorno do pânico, o transtorno obsessivo-compulsivo e o transtorno do estresse pós-traumático.

Existem quatro tipos de transtornos dissociativos:

1. **Amnésia dissociativa:** neste tipo de transtorno dissociativo, um indivíduo bloqueia informações essenciais que geralmente se referem a um acontecimento traumático ou estressante. A amnésia dissociativa pode ser subdividida em quatro tipos:

    - **Amnésia localizada:** quando quaisquer lembranças relacionadas com um acontecimento específico, geralmente traumático, estão completamente ausentes. A amnésia localizada é sensível ao tempo. Por exemplo, se um indivíduo teve um acidente de carro e não consegue se lembrar de nada do acidente até três dias depois, então está passando por esse tipo de amnésia dissociativa.
    - **Amnésia seletiva:** quando um indivíduo consegue se lembrar de fragmentos de algo que ocorreu em um período específico. Por exemplo, se uma pessoa foi abusada fisicamente e só consegue se lembrar de certas partes do que ocorreu no momento do abuso.

- **Amnésia generalizada:** quando uma pessoa não consegue se lembrar de um único detalhe de sua vida. Esse tipo de amnésia dissociativa é muito raro.
- **Amnésia sistematizada:** quando a amnésia de uma pessoa só afeta uma categoria específica de informação. Por exemplo, uma pessoa pode não conseguir se lembrar de nada que se relacione a um local ou a uma pessoa específica.

Se um paciente sofre de amnésia seletiva, generalizada ou sistematizada, muitas vezes há um tipo maior e mais complexo de transtorno dissociativo responsável, como o transtorno dissociativo de identidade.

2. **Fuga dissociativa:** este é um transtorno dissociativo muito raro em que uma pessoa, de repente e sem nenhum planejamento, deixa seu ambiente e viaja para longe de casa. Essas viagens podem durar de horas a meses. Houve casos de pessoas que sofrem de fuga dissociativa e viajaram por milhares de quilômetros. Durante o estado de fuga, as pessoas mostram sinais de amnésia, sem compreender por que deixaram a casa e têm dificuldades para se lembrar de seu passado. O indivíduo fica confuso ou não tem nenhuma lembrança de sua identidade; e, em alguns casos raros, as pessoas chegam a assumir novas identidades.
3. **Transtorno dissociativo de identidade:** anteriormente chamado de transtorno de personalidade múltipla, é o exemplo mais conhecido de transtorno dissociativo. No transtorno dissociativo de identidade, um indivíduo possui muitas personalidades e identidades distintas, em vez de apenas uma. Para que seja considerado como tendo transtorno dissociativo de identidade, no mínimo duas das personalidades do indivíduo devem aparecer repetidamente e assumir o controle do comportamento dessa pessoa. Metade dos que sofrem desse distúrbio tem menos de onze identidades, embora haja casos em que um indivíduo chega a ter até cem identidades.

Todas as personalidades dissociativas têm a própria identidade, autoimagem, história e nome. Quando uma pessoa se torna uma dessas outras identidades — conhecidas como alterego —, o indivíduo sente longas lacunas na memória. Pode levar segundos para um indivíduo mudar para um de seus alteregos, e esses alteregos podem ter idades, nacionalidades, gêneros, preferências sexuais e até mesmo linguagens corporais e posturas diferentes que as do indivíduo. A chegada e a partida das personalidades são geralmente desencadeadas por um evento estressante.

As pessoas que sofrem de transtorno dissociativo de identidade muitas vezes possuem outros transtornos, como o transtorno de personalidade limítrofe, depressão, distúrbios alimentares e abuso de substâncias. Essa combinação pode frequentemente resultar em violência, automutilação e tendências suicidas.

4. **Transtorno de despersonalização:** uma pessoa que sofre de transtorno de despersonalização passa por sensações de desapego. A pessoa sente como se o corpo fosse irreal para ela. Embora os sintomas de despersonalização sejam diferentes para cada um, as descrições mais comuns dessa experiência são sentir como se o corpo estivesse se dissolvendo ou mudando, sentir como se estivesse realmente assistindo a sua vida se desenrolar como se o indivíduo fosse um observador externo, sentir como se estivesse flutuando no teto e olhando para baixo para si mesmo, e sentir como se fosse uma espécie de robô ou máquina. A maioria das pessoas que sofre de transtorno de despersonalização também sente distanciamento emocional e se sente emocionalmente entorpecida.

O fato de uma pessoa sentir a despersonalização não significa necessariamente que sofra de transtorno de despersonalização. A despersonalização é muitas vezes um sintoma de outras doenças, como o transtorno do pânico, transtorno de estresse agudo, transtorno de estresse pós-traumático e transtorno de personalidade limítrofe. Se a despersonalização ocorrer apenas quando o indivíduo passa por um fator estressante ou ataque de pânico, então ele não tem o transtorno de despersonalização.

A despersonalização também pode ocorrer em pessoas perfeitamente normais. A privação do sono, eventos emocionalmente estressantes, o uso de determinados anestésicos e condições experimentais como as que envolvem a ausência de peso podem criar o efeito de despersonalização.

Como a despersonalização é uma ocorrência comum, apenas quando esses sintomas se tornam tão graves a ponto de uma grande carga de sofrimento emocional ser colocada sobre o indivíduo e haver uma interferência em seu funcionamento normal é que o transtorno de despersonalização é diagnosticado.

O EXPERIMENTO ROSENHAN
O que acontece quando você coloca o são no insano?

Em 1973, o professor David Rosenhan da Universidade Stanford questionou o conceito de diagnóstico psiquiátrico ao desenvolver um experimento para testar se os psiquiatras poderiam dizer a diferença entre uma pessoa sã e uma pessoa insana de uma forma que pudesse ser considerada confiável. Se não conseguissem, segundo Rosenhan, os psiquiatras não poderiam de forma nenhuma diagnosticar uma anormalidade de modo confiável. O experimento Rosenhan era composto de duas partes:

O EXPERIMENTO COM PSEUDOPACIENTES

Para o experimento, Rosenhan recrutou oito indivíduos. Havia três psicólogos, um psiquiatra, um pediatra, uma dona de casa, um pintor e um estudante de pós-graduação em psicologia. No total eram cinco homens e três mulheres.

O primeiro objetivo era que essas pessoas conseguissem a internação em doze hospitais distintos em cinco estados diferentes dos Estados Unidos. Para obter resultados os mais gerais possíveis, os hospitais escolhidos variavam de novos a antigos, com áreas de pesquisa a sem áreas de pesquisa, com equipe fraca a equipe de bom nível, e financiados pela iniciativa privada, pelo governo e por uma universidade. Rosenhan fez com que essas oito pessoas, a quem ele chamou de "pseudopacientes", marcassem consulta nos hospitais. Quando levados para triagem, todos reclamariam de ouvir vozes estranhas de pessoas do mesmo sexo na própria cabeça.

Tendo conseguido a internação nos hospitais psiquiátricos, os pseudopacientes pararam de fingir a existência de algum tipo de sintoma anormal. Eles começaram a falar com os funcionários e os pacientes do hospital da forma que falariam com qualquer outra pessoa na vida diária e, quando perguntados sobre como estavam se sentindo, diziam aos atendentes que se sentiam bem e que não estavam com nenhum sintoma. Pelo experimento, cabia aos pseudopacientes convencer a equipe do hospital a liberá-los e fazê-los acreditar que estavam sãos (sem mencionar o experimento). No período de internação, os pseudopacientes faziam anotações sobre suas experiências e observações. Para comparar os resultados, Rosenhan pediu para um estudante fazer uma série de perguntas aos funcionários do centro de saúde de Stanford. As respostas a essas perguntas (dadas com a equipe ciente de que suas respostas estavam sendo gravadas) eram então comparadas com as respostas que os pseudopacientes receberam quando fizeram perguntas à equipe do hospital.

OS RESULTADOS DOS PSEUDOPACIENTES

O tempo médio de internação dos pacientes nos hospitais foi de dezenove dias, mas alguns permaneceram por apenas sete dias e outros por até 52 dias. Todos os pacientes, exceto um, foram internados nos hospitais com um diagnóstico de esquizofrenia e, quando saíram, foram diagnosticados com "esquizofrenia em remissão". Esses diagnósticos foram dados embora nenhum dos pacientes exibisse um sintoma claro de esquizofrenia.

Enquanto os outros pacientes nos hospitais levantavam suspeitas sobre os pseudopacientes e afirmavam que eles eram jornalistas colocados ali para checar o hospital, a equipe da instituição considerava o comportamento normal dos pseudopacientes realmente como parte de suas doenças. Registros das enfermeiras de três pseudopacientes afirmavam que o fato de os pacientes escreverem era um comportamento patológico. Rosenhan concluiu que existem semelhanças entre o insano e o são, tais como humores e emoções; no entanto, quando colocados no mundo de um hospital psiquiátrico, constatou-se que os sentimentos e os estados de espírito que as pessoas apresentam todos os dias, e que em geral são considerados normais, passam a ser vistos como patológicos.

Nenhum dos participantes envolvidos no estudo gostou de sua estadia nas instituições psiquiátricas, e todos afirmaram que as instalações os privavam de muitos direitos humanos e deixavam os indivíduos com sentimentos de impotência e despersonalização. Não era permitido se movimentar à vontade, em muitos banheiros faltavam portas e os membros da equipe hospitalar eram cruéis com os pacientes.

Dos estimados 2.100 comprimidos de medicamentos que foram dados aos pseudopacientes, apenas dois chegaram a ser ingeridos. A maioria foi simplesmente jogada nos vasos sanitários, onde os pseudopacientes encontraram medicamentos de outros pacientes. Rosenhan concluiu que, embora as ações dos pacientes fossem consideradas cooperativas, ninguém notou o comportamento deles.

UM ESTUDO SECUNDÁRIO

Após a primeira parte do estudo, Rosenhan visitou um hospital de pesquisa que tinha conhecimento de sua investigação inicial com pseudopacientes. Ele mentiu para a equipe, dizendo-lhes que ao longo dos três meses seguintes outros pseudopacientes tentariam conseguir a internação no hospital. A equipe do hospital foi orientada a classificar cada novo paciente em uma escala de dez pontos sobre a possibilidade de ser ou não um dos pseudopacientes.

Durante esse período, houve um total de 193 pacientes (reais) avaliados. Do total, 41 pacientes foram considerados pseudopacientes segundo um membro da equipe; 23 pacientes foram considerados pseudopacientes segundo um psiquiatra e 19 pacientes foram considerados pseudopacientes segundo um membro da equipe e um psiquiatra.

De acordo com Rosenhan, este segundo estudo demonstrou que os psiquiatras são incapazes de diferenciar de forma confiável entre uma pessoa sã e uma pessoa insana. Enquanto a primeira parte de seu estudo mostrou o fracasso em ser capaz de identificar a sanidade, a segunda parte do estudo mostrou o fracasso em conseguir identificar a insanidade. Rosenhan deu exemplos concretos de que, com rótulos psiquiátricos específicos, tudo o que um paciente faz passa a ser interpretado conforme esse rótulo. Rosenhan sugere que, em vez de rotular um indivíduo como insano, os funcionários do hospital e os psiquiatras devem prestar atenção no comportamento e nos problemas específicos do indivíduo.

AVALIAÇÃO DO EXPERIMENTO ROSENHAN

Embora o experimento Rosenhan tivesse mostrado as limitações da classificação de pacientes e revelado as péssimas condições dos hospitais psiquiátricos na época, uma vez que se baseou inteiramente em mentiras para a equipe do hospital, o estudo é considerado antiético. No entanto, o trabalho de Rosenhan efetivamente mudou a filosofia que muitas instituições adotavam no que se refere a como abordar os cuidados em saúde mental.

Na época do estudo de Rosenhan, o *Manual Diagnóstico e Estatístico de Transtornos Mentais* que estava sendo utilizado para diagnosticar era o DSM-II. Na década de 1980, o DSM-III foi lançado com o propósito de enfrentar os problemas de critérios pouco claros e de falta de confiabilidade. Muitos argumentaram que com o DSM-III Rosenhan não teria os mesmos resultados. O modelo que atualmente está em uso é o DSM-IV.

ESTILOS DE APRENDIZAGEM DE DAVID KOLB

Aprender com a experiência

Em 1984, o professor de filosofia David Kolb desenvolveu um novo modelo de estilos de aprendizagem e uma teoria de aprendizagem. A teoria de aprendizagem de Kolb pode ser dividida em duas partes: um ciclo de aprendizagem constituído por quatro etapas diferentes e quatro estilos distintos de aprendizagem.

Kolb definiu a aprendizagem como o momento em que conceitos abstratos são adquiridos e têm a capacidade de ser aplicados em um conjunto de situações, e quando novas experiências motivam o surgimento de novos conceitos

CICLO DE APRENDIZAGEM DE KOLB EM QUATRO ETAPAS

Na teoria de aprendizagem de Kolb, há quatro etapas de um "ciclo de aprendizagem". Ao aprender, uma pessoa passa por quatro etapas:

1. **Experiência concreta:** uma pessoa se depara com uma nova experiência ou reinterpreta uma experiência que existia anteriormente.
2. **Observação reflexiva:** essa é a observação de qualquer experiência nova. As inconsistências entre a compreensão e a experiência devem ser especificamente destacadas.
3. **Conceituação abstrata:** a partir da reflexão vem uma nova ideia. Isso também pode se referir à alteração de um conceito abstrato que já existe.
4. **Experimentação ativa:** o indivíduo aplica então essa ideia no mundo e observa os resultados finais.

ESTILOS DE APRENDIZAGEM EXPERIENCIAL DE KOLB

A partir dessas quatro etapas, Kolb mapeia quatro estilos distintos de aprendizagem. De acordo com Kolb, pessoas diferentes preferem estilos de aprendizagem diferentes, e essa escolha é influenciada por inúmeros fatores, incluindo as experiências educacionais, a estrutura cognitiva e o ambiente social do indivíduo. Independentemente de quais sejam as influências, a preferência de um indivíduo em relação ao estilo de aprendizagem resulta de duas escolhas. Kolb apresentou essas escolhas, ou variáveis, como um eixo. Nas extremidades opostas das linhas são colocados modos conflitantes: Sentir (Experiência Concreta, ou EC) *versus* Pensar (Conceituação Abstrata, ou CA), e Fazer (Experimentação Abstrata, ou EA) *versus* Observar (Observação Reflexiva, ou OR).

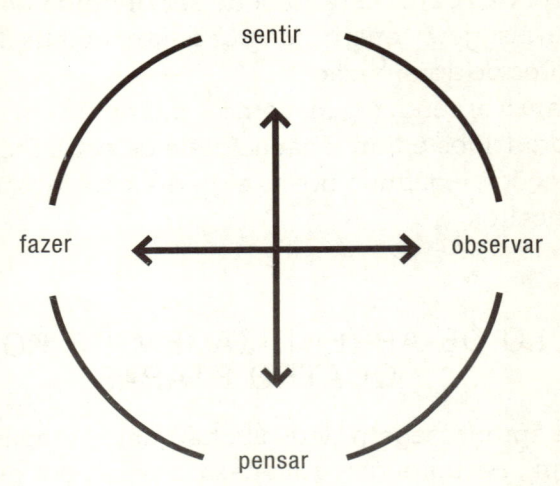

EIXOS DE INTERSECÇÃO DE ESTILOS DE APRENDIZAGEM

O eixo leste-oeste é conhecido como "contínuo de processamento" e refere-se a como uma pessoa enfrenta determinada tarefa. O eixo norte-sul é chamado de "contínuo de percepção" e refere-se à resposta emocional de um indivíduo. De acordo com Kolb, um indivíduo não pode experimentar as duas variáveis de um único eixo de uma só vez.

Com essa informação, Kolb identificou quatro estilos de aprendizagem que as pessoas utilizam de acordo com onde elas caem no contínuo: adaptador, divergente, convergente e assimilador. Embora cada pessoa possa utilizar os diferentes tipos de estilos de aprendizagem, alguns são preferíveis a outros. Para entender melhor como esses estilos de aprendizagem funcionam, considere o diagrama e a tabela a seguir:

	EXPERIMENTAÇÃO ATIVA (EA)	OBSERVAÇÃO REFLEXIVA (OR)
Experiência Concreta (EC)	Adaptador (EC/EA)	Divergente (EC/OR)
Conceituação Abstrata (CA)	Convergente (CA/EA)	Assimilador (CA/OR)

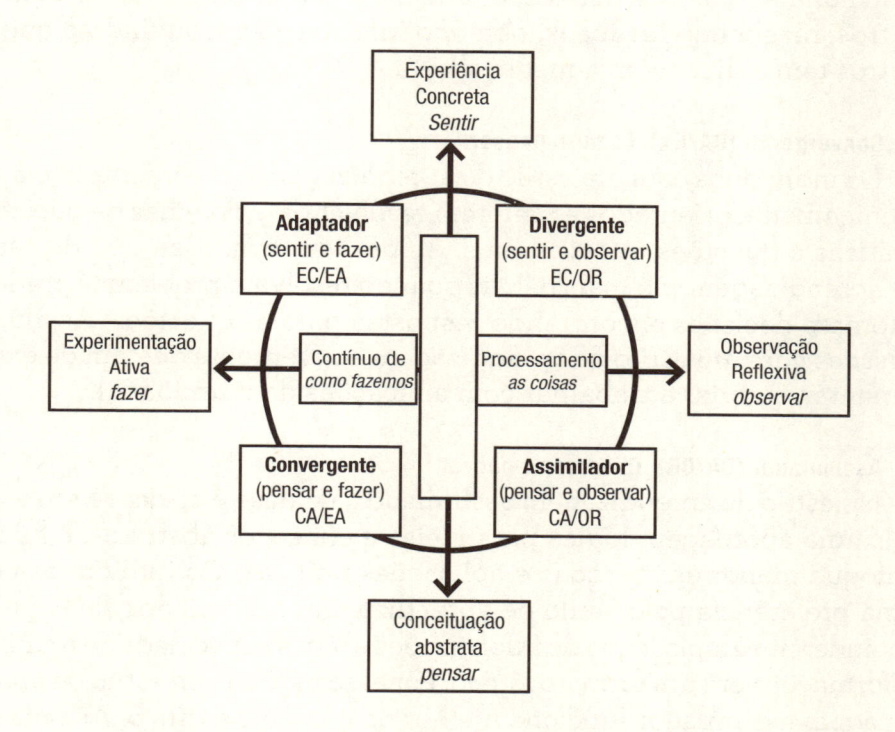

VISÃO MAIS DETALHADA SOBRE A TEORIA DE KOLB

Adaptador (EC/EA): Fazer e sentir

Este tipo de estilo de aprendizagem depende do uso da intuição, em vez da lógica. Em geral, as pessoas que o empregam seguem seus "instintos". Quando tem um estilo de aprendizagem adaptador, a pessoa muitas vezes depende de outros para obter informações e, então, analisa por conta própria essas informações. Esses tipos de pessoas gostam de seguir planos e são atraídos por novas situações e desafios.

Divergente (EC/OR): Sentir e observar

As pessoas que têm um estilo de aprendizagem divergente preferem observar a fazer, e resolvem os problemas reunindo informações e utilizando a imaginação. Em função disso, os indivíduos com estilo de aprendizagem divergente têm a capacidade de olhar para as situações de diferentes pontos de vista, e são mais hábeis quando colocados em situações em que é necessária a geração de ideias. Os indivíduos com estilo de aprendizagem divergente também costumam ser sensíveis, emocionais e mais artísticos, e tendem a gostar de trabalhar com os outros, recebendo feedback, obtendo informações e ouvindo o que os outros têm a dizer com a mente aberta.

Convergente (CA/EA): Fazer e pensar

Os indivíduos com um estilo de aprendizagem convergente são mais tecnicamente orientados e preferem resolver os problemas de questões práticas a questões interpessoais. As pessoas com esse tipo de estilo de aprendizagem são mais hábeis quando resolvem problemas práticos e tomam decisões encontrando respostas para as questões. Assim, as pessoas com um estilo de aprendizagem convergente gostam de experimentar, simular e trabalhar com aplicações do mundo real.

Assimilador (CA/OR): Observar e pensar

No estilo de aprendizagem assimilador, a ênfase é colocada em assumir uma abordagem lógica para ideias e conceitos abstratos, e há um enfoque menor em pessoas e aplicações práticas. Os indivíduos com uma preferência pelo estilo de aprendizagem assimilador conseguem entender um amplo leque de informações e têm a capacidade de reunir as informações em um formato lógico. Por esse motivo, um estilo de aprendizagem assimilador funciona melhor no campo científico. As pessoas com um estilo de aprendizagem assimilador também preferem conseguir pensar por meio de uma situação e examinar modelos analíticos.

Ter firme compreensão sobre o próprio estilo de aprendizagem e sobre os estilos de aprendizagem dos outros pode ser extremamente importante e tem muitas aplicações no mundo real. Os indivíduos conseguem entender como transmitir informações para outros de maneira mais eficiente, e entender do que eles próprios precisam para melhorar.

TRANSTORNOS DE ANSIEDADE
Mais do que apenas nervos

Embora a ansiedade e o estresse sejam emoções sentidas por todo mundo, os transtornos de ansiedade são formas graves de doença mental que causam grande sofrimento e assumem efeito paralisante, impedindo uma pessoa de viver uma vida normal e saudável. Existem seis tipos diferentes de transtornos de ansiedade:

TRANSTORNO DO PÂNICO

No transtorno do pânico, o indivíduo sofre ataques intensos de pânico, que muitas vezes são desencadeados sem nenhum motivo ou aviso. Os sintomas de um ataque de pânico incluem:

- suar excessivamente;
- sentir dor no peito;
- tremer;
- sentir falta de ar ou como se estivesse sufocando;
- ter ondas de calor ou frio;
- ter palpitações cardíacas;
- sentir tontura, desmaio ou vertigem;
- sentir formigamento ou ter uma sensação de entorpecimento;
- ter cólicas estomacais ou sentir qualquer tipo de desconforto digestivo, como náuseas;
- ter um medo muito angustiante de morrer ou de perder o controle.

Esses ataques de pânico em geral atingem o pico em algum momento nos primeiros dez minutos, embora possam durar mais tempo, e muitos dos que sofrem desse tipo de transtorno ainda se sentem ansiosos muitas horas depois do ataque de pânico ter acabado.

A relação entre agorafobia e transtorno do pânico

Existe um equívoco comum de que a agorafobia seria um medo de espaços abertos. Isso é incorreto. Na verdade, a agorafobia é quando um indivíduo teme que possa ter um ataque de pânico quando estiver em um local ou situação (como em espaços abertos) e que esse ataque de pânico o deixe extremamente constrangido. A pessoa fica com uma fixação tão grande a respeito de quando o próximo ataque de pânico pode ocorrer que não quer mais ir para esses lugares ou participar dessas atividades. A agorafobia geralmente ocorre em função do transtorno do pânico, embora existam casos em que um indivíduo sofra de agorafobia sem ter transtorno do pânico. Cerca de um terço das pessoas que sofrem de transtorno de pânico sofre também de agorafobia.

TRANSTORNO OBSESSIVO-COMPULSIVO

Este é o tipo mais ativo de transtorno de ansiedade. A ansiedade deste transtorno vem do indivíduo ter obsessões constantes, que são pensamentos e ideias angustiantes não desejados e que não vão embora. A pessoa tenta aliviar esse estresse pela realização de comportamentos ritualísticos. Eventualmente, porém, esses rituais se transformam em compulsões e o indivíduo continua a repetir esse comportamento. As compulsões podem ser tão complexas que podem atrapalhar muito qualquer tipo de rotina diária. Na maioria das vezes as compulsões estão ligadas às próprias obsessões, como a das pessoas lavarem repetidamente as mãos a cada dez minutos porque acreditam que estejam contaminadas, mas isso não se aplica a todas as compulsões.

As pessoas que sofrem de transtorno obsessivo-compulsivo costumam ter consciência de como o seu comportamento é irracional, e isso muitas vezes passa a ser uma fonte constante de frustração e confusão para elas. Embora o transtorno obsessivo-compulsivo possa ocorrer em qualquer idade, os sintomas geralmente aparecem em dois períodos distintos: antes da puberdade, quando é chamado de TOC de origem precoce, e mais tarde na vida, quando é chamado de TOC de origem tardia. Existem cinco tipos diferentes de transtorno obsessivo-compulsivo:

1. **Obsessões com contaminação e compulsões de limpeza ou lavagem:** quando uma pessoa fica preocupada com se sentir suja e com o

desconforto associado a não estar limpa. Para reduzir esses sentimentos, lava excessivamente as mãos, às vezes por horas.
2. **Obsessões de ser prejudicado ou prejudicar os outros e compulsões de fazer checagem:** um exemplo deste tipo de obsessão poderia ser alguém que acredita (obsessivamente) que a sua casa vai incendiar-se. Em função disso, a pessoa precisa constantemente verificar o forno, a torradeira e o fogão, checa a todo tempo se as luzes estão desligadas e até mesmo volta várias vezes até sua casa para ter certeza de que ela não está pegando fogo.
3. **Obsessões puras:** são obsessões que não parecem ter nenhuma compulsão visual. Na verdade, essas obsessões giram em torno de coisas de natureza religiosa, sexual e agressiva. Por exemplo, um indivíduo ter a obsessão de que é um assassino e vai matar alguém. Para aliviar o estresse, muitas vezes são utilizados rituais mentais, em que os indivíduos contam em sua cabeça, rezam ou recitam determinadas palavras.
4. **Obsessões de simetria e compulsões de contar, ordenar e organizar:** as pessoas que sofrem desse tipo de TOC têm um forte desejo de ordenar e organizar objetos até acreditarem que o fizeram com perfeição. As pessoas com esse tipo de TOC também podem sentir o impulso de repetir palavras ou frases até que determinada tarefa seja perfeitamente executada. Em alguns casos, essa compulsão é realizada com a ideia de que, se for feita corretamente, as pessoas que sofrem disso conseguirão afastar possíveis perigos. Por exemplo, quando uma mulher reorganiza sua mesa de determinada maneira com a mentalidade de que, se o fizer, seu marido não sofrerá um acidente de carro.
5. **Entesouramento:** o ato de colecionar objetos que geralmente têm pouco ou nenhum valor real, e nunca jogá-los fora. Isso pode resultar em uma bagunça tão grande que as pessoas às vezes têm problemas para viver na própria casa por causa do grande volume de coisas que foi guardado. Em geral, quando acumulam, as pessoas têm a obsessão de que as coisas que estão guardando poderão ser usadas algum dia. Um indivíduo também pode acumular compulsivamente sem ter o transtorno obsessivo-compulsivo.

TRANSTORNO DE ESTRESSE PÓS-TRAUMÁTICO

Este tipo de transtorno de ansiedade ocorre depois de um indivíduo ter sido exposto ou ter passado por um evento traumático em que sentiu que ele mesmo, ou as pessoas ao seu redor, esteve em perigo de ser ferido ou morto. Uma vez ocorrido o evento traumático, o indivíduo começa a ter flashbacks, sonhos angustiantes e imagens e pensamentos intrusivos relativos ao trauma. Os indivíduos também vão evitar quaisquer situações que possam lembrá-los do ocorrido, pois, ao serem expostos a sugestões que possam lembrá-los do trauma, sentem grande sofrimento emocional. Além disso, o comportamento do indivíduo mudará, e ele limitará as atividades de que participa, terá dificuldade em expressar uma gama completa de emoções e, eventualmente, parecerá ter perdido a esperança quanto ao futuro.

TRANSTORNO DE ANSIEDADE SOCIAL

Este é um dos tipos mais comuns de transtorno de ansiedade, e aproximadamente 13% da população em geral apresenta os sintomas de transtorno de ansiedade social em algum momento na vida. Quando um indivíduo está sofrendo de transtorno de ansiedade social, constantemente se preocupa com a forma como está sendo visto pelas outras pessoas. Há um medo irracional de ser visto ou julgado de forma negativa e de passar vergonha ou ser humilhado. O transtorno de ansiedade social difere da timidez por causa da persistência e da gravidade dos sintomas. Os sintomas, tanto físicos quanto emocionais, incluem tremores, sudorese excessiva, coração acelerado, extremo nervosismo em situações em que o indivíduo não conhece as outras pessoas, forte medo de ser avaliado, sentir-se ansioso quanto a ser humilhado, temer que os outros percebam sua ansiedade e temer os eventos que foram planejados com antecedência.

FOBIAS ESPECÍFICAS

Neste tipo de transtorno de ansiedade o indivíduo tem um medo forte e irracional de um objeto específico ou situação. Existem quatro tipos principais de fobias específicas, e muitas pessoas podem ter várias fobias dentro da mesma categoria — embora um indivíduo também possa ter fobias em várias categorias. Os quatro tipos principais são: situacional, médica, ambiente natural e relacionada com animal.

Independentemente da categoria da fobia, quando os indivíduos têm fobias específicas, eles apresentam sintomas semelhantes. Os sintomas são os seguintes:

- apresentar sentimentos graves de terror, pânico ou medo ao encontrar o objeto que o indivíduo teme;

- apresentar sintomas semelhantes ao ataque de pânico, incluindo ficar com falta de ar, suar profusamente, sentir-se tonto e ter uma sensação de dormência;
- o indivíduo fará de tudo para evitar o objeto que tanto teme, chegando a afetar sua vida e rotina diárias;
- o indivíduo pensa de forma obsessiva sobre a próxima situação em que vai encontrar o objeto temido e cria cenários na cabeça nos quais é inevitável entrar em contato com o objeto.

TRANSTORNO DE ANSIEDADE GENERALIZADA

Este é o tipo mais comum de transtorno de ansiedade, em que um indivíduo sente um medo e uma tensão constantes a respeito de um assunto ou objeto sem nenhuma razão para se sentir assim. As preocupações parecem se deslocar de um assunto para o outro, e os sintomas são variados, mas podem incluir: irritabilidade, fadiga, dificuldade em se concentrar, inquietação e problemas relacionados com o sono. Dentre outros sintomas físicos que podem surgir estão incluídos: náuseas, diarreia, dores de cabeça e tensão muscular, principalmente na nuca, ombros e costas.

MARY AINSWORTH E SITUAÇÕES ESTRANHAS

Diferentes abordagens para o apego

Enquanto o psicólogo John Bowlby afirmava que quando se tratava do apego era tudo ou nada para uma criança, a psicóloga Mary Ainsworth adotou uma abordagem diferente para o assunto, acreditando que havia diferenças observáveis entre os indivíduos quando se tratava da qualidade do apego.

Como as crianças de 1 a 2 anos não têm a mesma capacidade que os adultos de expressar o apego, Ainsworth criou, em 1970, uma técnica de avaliação conhecida como Classificação de Situação Estranha para entender as diferenças individuais no apego.

O PROCEDIMENTO "UMA SITUAÇÃO ESTRANHA"

Ainsworth utilizou aproximadamente cem famílias de classe média para seu estudo e todos os bebês tinham entre 12 e 18 meses. Para conduzir seu experimento, Ainsworth usou uma pequena sala com vidro unidirecional para que pudesse observar o comportamento dos bebês. Foram, então, realizados sete experimentos ou "episódios", cada um com duração de três minutos. Cada episódio foi criado para enfatizar um comportamento específico. Os observadores registravam suas constatações a cada quinze segundos e a intensidade do comportamento era julgada em uma escala de 1 a 7.

EXPERIMENTO — CONDUÇÃO DO EXPERIMENTO

1. Na primeira etapa do experimento, a mãe e o bebê são deixados para passar um tempo sem mais ninguém na sala para que o bebê pudesse se acostumar com o novo ambiente.
2. Uma vez o bebê tendo se adaptado ao novo ambiente, um estranho entra na sala e fica junto com a mãe e o bebê.
3. Nesse momento, a mãe sai, deixando o bebê sozinho com o estranho.
4. A mãe volta para a sala e o estranho sai.
5. A mãe, então, também sai da sala, deixando o bebê completamente sozinho.

6. O estranho, então, volta para a sala.
7. A mãe, então, volta novamente para a sala, e o estranho sai.

Ainsworth registrou a intensidade de quatro tipos diferentes de comportamentos observados em uma escala de 1 a 7. Esses tipos de comportamentos incluíam: ansiedade de separação (uma sensação de inquietude do bebê quando a mãe saía); a ânsia do bebê para explorar; a ansiedade com o estranho (como o bebê reagia quando o estranho estava presente); e o comportamento no reencontro (a maneira como o bebê se comportava quando a mãe retornava). A partir desse experimento, Ainsworth identificou e batizou três estilos diferentes de apego nos bebês: seguro, esquivo e resistente.

APEGO SEGURO

As crianças firmemente apegadas confiam que a mãe, ou figura de apego (FA), tem disponibilidade para atender às suas necessidades. A FA é procurada durante momentos de dificuldade ou angústia, e também é usada pelo bebê como uma base segura para que possa, então, explorar o ambiente. Ainsworth constatou que a maioria das crianças em seu estudo era seguramente apegada. Quando os bebês com apego seguro ficam aborrecidos, a FA consegue facilmente acalmá-los. Um bebê desenvolve um apego seguro com a FA quando ela percebe os sinais da criança e responde às necessidades desta de forma adequada. Em geral, Ainsworth constatou que 70% dos bebês exibiam apego seguro, com comportamentos semelhantes:

- Em termos de ansiedade de separação, a criança ficava angustiada quando a mãe saía da sala.
- Em termos de explorar seu ambiente, Ainsworth concluiu que o bebê usava a mãe como uma base segura.
- Em termos de ansiedade com o estranho, o bebê era amistoso com o estranho quando a mãe estava na sala. No entanto, quando a mãe não estava presente, o bebê evitava o estranho.
- Em termos de comportamento no reencontro, o bebê ficava mais feliz e mais positivo assim que a mãe voltava para a sala.

APEGO INSEGURO/ESQUIVO

As crianças com apego esquivo são mais independentes e não contam com a presença de sua FA ao investigar o ambiente. A independência do bebê não é apenas física, mas também emocional; e, quando está sob estresse, a criança não procura a FA para ajuda. A FA é insensível, não ajuda quando o bebê enfrenta uma tarefa difícil, rejeita as necessidades do bebê e não está disponível quando a criança mostra um estresse emocional. No geral, Ainsworth constatou que 15% dos bebês apresentaram apego inseguro/esquivo:

- Em termos de ansiedade de separação, os bebês não mostravam nenhum sinal de angústia quando a mãe saía da sala.
- Em termos de ansiedade com o estranho, o bebê ficava bem com o estranho na sala e agia normalmente.
- Em termos de comportamento no reencontro, quando a mãe retornava para a sala, o bebê mostrava pouquíssimo interesse.
- Ainsworth constatou que tanto a mãe quanto o estranho poderiam confortar o bebê de forma igual.

APEGO INSEGURO/RESISTENTE

O apego resistente é aquele em que o bebê fica hesitante ou ambivalente em relação à FA. As crianças que mostram sinais de apego resistente rejeitam a FA se ela tenta se envolver e interagir com o bebê. No entanto, em outros momentos, a criança se comporta de forma pegajosa e dependente. Nesse tipo de apego, a criança não obtém uma sensação de segurança a partir da FA e, em consequência, o bebê tem dificuldade em se afastar da FA para explorar o ambiente. Quando uma criança que apresenta o apego resistente fica triste ou angustiada, ela não é confortada pela presença e pelo contato com a FA, e será difícil acalmá-la. No geral, Ainsworth constatou que 15% dos bebês apresentaram apego inseguro/resistente:

- Em termos de ansiedade de separação, os bebês ficavam extremamente angustiados quando a mãe saía da sala.
- Em termos de ansiedade com o estranho, o bebê parecia ter medo do estranho e evitava-o.

- Em termos de comportamento no reencontro, quando a mãe entrava na sala novamente, o bebê aproximava-se, mas não fazia contato com ela e, às vezes, até a empurrava para longe.
- Ainsworth constatou que os bebês com apego inseguro/resistente exploram menos e choram com mais frequência que os bebês com apego seguro ou apego esquivo.

Experimentos posteriores que replicaram o experimento de Uma Situação Estranha de Ainsworth deram resultados consistentes que se equipararam aos de Ainsworth e esta se tornou uma metodologia aceita em termos de medição do apego. No entanto, as descobertas de Ainsworth receberam críticas por somente medir o apego específico na relação entre mãe e bebê. Uma criança pode ter um estilo de apego completamente diferente com seu pai, sua avó, seu avô ou outro cuidador. Pesquisas também mostraram que as crianças podem realmente expressar diferentes comportamentos de apego em momentos diferentes com base nas circunstâncias.

TRANSTORNOS DE HUMOR
Quando as emoções assumem o comando

Os transtornos de humor ocorrem quando os distúrbios no estado emocional de um indivíduo são tão extremados que afetam os seus processos de pensamento, as relações sociais e o comportamento. Eles tendem a ser episódicos, ou seja, os sintomas aparecem e desaparecem. Existem dois tipos principais de transtornos de humor que podem ser divididos em vários subtipos: o transtorno depressivo e o transtorno bipolar.

TRANSTORNOS DEPRESSIVOS

Para ser diagnosticado com uma depressão maior, o indivíduo tem de apresentar um episódio de depressão grave, pelo menos uma vez. Os episódios de depressão grave duram por um período de duas semanas ou mais, e o indivíduo sofre de alguns, se não todos, dos seguintes sintomas:

- um sentimento avassalador e consistente de tristeza ou irritabilidade;
- sentir-se culpado ou inútil;
- perda de interesse em fazer qualquer coisa, mesmo atividades anteriormente agradáveis, e uma falta de interesse em ser social;
- ter muito pouca energia;
- ser incapaz de se concentrar ou tomar decisões;
- passar por uma mudança de padrões alimentares, seja não comendo bem ou comendo demais;
- passar por uma mudança nos padrões de sono, seja não conseguindo dormir ou dormindo demais;
- ter pensamentos recorrentes de suicídio ou morte.

Curiosamente, os indivíduos muito deprimidos em geral não cometem suicídio, pois, durante seu episódio de depressão grave, sentem-se muito apáticos e desmotivados para criar um plano de suicídio e segui-lo. Na verdade, é durante o processo de recuperação, quando o indivíduo tem mais energia, que o suicídio se torna mais presente. A quantidade de mulheres que sofre de depressão grave é maior do que a dos homens. Embora o número de mulheres que tentam o suicídio também seja maior do que o dos homens, os homens têm mais sucesso em seguir seu plano de suicídio do que as mulheres. Além da depressão maior, há vários outros tipos de depressão que compartilham os seguintes sintomas:

Transtorno distímico

Se uma pessoa passa pelos sintomas de depressão grave por pelo menos dois anos, então tem o que é conhecido como transtorno distímico. Deve-se observar que as pessoas que sofrem desse problema não apresentam sintomas depressivos em todos os momentos. Há ocasiões em que elas se sentem completamente normais.

Transtorno afetivo sazonal

Apropriadamente chamado de TAS, o transtorno afetivo sazonal é quando uma pessoa sofre de sintomas de depressão por causa da época do ano. A maioria das pessoas que sofre disso apresenta os sintomas no inverno.

Depressão psicótica grave

Ocorre quando um indivíduo sofre de sintomas de depressão grave e também tem alucinações e delírios.

Depressão pós-parto

A depressão pós-parto ocorre quando uma mulher sente depressão depois do nascimento do bebê. Isso pode se dever a mudanças nos níveis hormonais, falta de sono, mudanças corporais e mudanças nas relações sociais ou de trabalho da mulher.

Depressão atípica

Este é um tipo de depressão em que um indivíduo tem muitas características de uma depressão maior, mas não sintomas suficientes para realmente ser classificado como com depressão grave. Os sintomas na depressão atípica geralmente incluem: ganho de peso e aumento do apetite, sono excessivo ou sempre se sentir cansado, e ficar muito sensível a qualquer tipo de rejeição.

Depressão catatônica

Esse é um tipo muito raro de transtorno depressivo em que uma pessoa fica sem se mover durante um período prolongado de tempo, ou se move de forma violenta ou estranha. As pessoas que sofrem de depressão catatônica decidem às vezes não falar, ou podem até imitar as ações ou o padrão de fala de outro indivíduo.

Depressão melancólica

Esse tipo de depressão é caracterizado pela perda de interesse e prazer em muitas, se não todas, atividades. Os indivíduos também acham muito difícil reagir positivamente quando algo bom acontece. Os sintomas são em geral piores de manhã, e, às vezes, a pessoa pode acordar cedo demais de manhã, sozinha, pelo menos duas horas antes do horário sem uma fonte externa que a faça despertar. Os indivíduos que sofrem de depressão melancólica apresentam também uma forte tristeza que fica evidente pela forma como se comportam.

TRANSTORNOS BIPOLARES

Quando sofre de transtorno bipolar — antigamente chamado de doença maníaco-depressiva — o indivíduo passa por oscilações extremas de humor entre a depressão e a mania. Dentre os sintomas de mania, incluem-se:

- sentir-se irritável;
- ser extremamente ativo;
- sentir euforia;
- sentir-se grandioso e ter uma autoestima muito grande;
- sentir-se agitado;
- falar de forma acelerada;
- não precisar dormir muito, ou aparentemente não precisar dormir;
- ter mais interesse em atividades que trazem prazer, mesmo que isso signifique que essas atividades possam ter consequências nefastas;
- ser impulsivo;
- possivelmente ter paranoia, delírios e alucinações.

Existem vários tipos de transtorno bipolar, incluindo os seguintes:

Transtorno bipolar I

No transtorno bipolar I, os episódios maníacos ou episódios maníacos e depressivos duram pelo menos sete dias, ou um indivíduo tem um episódio maníaco tão forte, que a internação é necessária. Ao sofrer de transtorno bipolar I, as pessoas geralmente têm também episódios depressivos que duram duas semanas ou mais.

Transtorno bipolar II
Este é um tipo mais suave de transtorno bipolar em que os episódios de hipomania e depressão não são muito graves.

Transtorno bipolar não especificado (BP-NOS)
Ocorre quando um indivíduo sofre de sintomas de transtorno bipolar — apresentando sintomas que claramente se desviam da forma como o indivíduo em geral se comporta —, que, no entanto, não satisfazem aos critérios necessários para ser diagnosticado como tendo o bipolar I ou o bipolar II. Os sintomas no BP-NOS podem durar por um intervalo muito curto, ou o indivíduo pode ter pouquíssimos sintomas.

Ciclotimia
Este é o tipo menos grave de transtorno bipolar. Embora uma pessoa com ciclotimia apresente os mesmos sintomas do transtorno bipolar I, ela nunca entrará em um estado maníaco total ou terá um episódio depressivo maior. Para ser diagnosticado como tendo ciclotimia, um indivíduo deve apresentar esses sintomas por pelo menos dois anos.

LEV VYGOTSKY (1896-1934)

A importância da interação social

Lev Vygotsky nasceu em 17 de novembro de 1896 em uma parte do império russo conhecida como Orsha, que atualmente é a Bielorrússia. Vygotsky formou-se em direito em 1917 na Universidade de Moscou, e seu interesse pela psicologia o levou a estudar no Instituto de Psicologia de Moscou em 1924.

Vygotsky é mais conhecido por seu trabalho em educação e desenvolvimento infantil, e sua influência no desenvolvimento cognitivo pode ser vista ainda hoje. Ele acreditava que a interação social desempenhava papel fundamental no desenvolvimento cognitivo e que as pessoas davam sentido às coisas pelo prisma da sociedade e da comunidade. Embora Vygotsky tivesse sido contemporâneo de Freud, Skinner, Piaget e Pavlov, o partido comunista que governava a Rússia na época criticou seu trabalho e a maioria de seus escritos só conseguiu chegar ao mundo ocidental muito mais tarde, em 1962, quando as tensões da Guerra Fria começaram a diminuir.

Em 11 de junho de 1934, Vygotsky contraiu tuberculose e morreu. Ele tinha apenas 38 anos. Nos dez anos em que trabalhou como psicólogo, Vygotsky publicou seis livros. Os trabalhos mais importantes foram sobre sua teoria do desenvolvimento social, que incluía seu conceito de zona de desenvolvimento proximal e seu trabalho com a linguagem.

TEORIA DO DESENVOLVIMENTO SOCIAL DE VYGOTSKY

Fortemente influenciado pelo trabalho de Piaget, Vygotsky acreditava que a mente humana se desenvolve a partir das interações entre as pessoas e a sociedade. Ele formulou a hipótese de que certas ferramentas da cultura, como a fala e a capacidade de escrever, foram criadas para que as pessoas pudessem interagir com seu ambiente social. De acordo com Vygotsky, as crianças primeiramente desenvolvem essas ferramentas para funções sociais como uma forma de transmitir o que necessitam aos outros. No entanto, quando essas ferramentas são internalizadas, o resultado é uma habilidade de pensamento superior.

Vygotsky enfatizou a interação social na infância, e afirmou que as crianças aprendem de forma constante e gradual com seus pais e professores, mas que esse aprendizado pode ser diferente de acordo com a cultura. Além disso, Vygotsky acreditava que não só a sociedade tinha um impacto sobre as pessoas, como as pessoas também tinham um impacto sobre a sociedade. A teoria do desenvolvimento social de Vygotsky pode ser dividida em três grandes temas:

1. O primeiro tema é que o desenvolvimento social desempenha um papel fundamental no desenvolvimento de processos cognitivos. Enquanto Jean Piaget afirmava que o desenvolvimento tinha de vir antes da aprendizagem, Vygotsky argumentava que a aprendizagem social vinha antes do desenvolvimento de processos cognitivos. Ele afirmava que primeiro aparece um desenvolvimento para uma criança em um nível social entre pessoas — conhecido como interpsicológico — e, em seguida, a criança assume as informações em um nível mais pessoal e individual — chamado de intrapsicológico.
2. Em segundo lugar, Vygotsky descreveu as pessoas com um nível maior de compreensão do que o indivíduo que está aprendendo como os Outros de Maior Conhecimento (*More Knowledgeable Other* — MKO). Embora o MKO possa ser literalmente qualquer um — um colega, alguém mais jovem ou até mesmo um computador —, na maioria das vezes os MKOs são pensados como professores, adultos ou um tutor.
3. O último grande tema na teoria do desenvolvimento social de Vygotsky é sua "Zona Proximal de Desenvolvimento", ou ZPD. De acordo com Vygotsky, trata-se da distância entre a capacidade da pessoa que está aprendendo com a orientação de outra pessoa e a capacidade do indivíduo de resolver problemas por conta própria. A aprendizagem ocorre exatamente nessa zona.

O papel da linguagem segundo Vygotsky

Vygotsky acreditava que a linguagem desempenhava dois papéis muito importantes no que diz respeito ao desenvolvimento cognitivo. A linguagem é o principal método que os adultos utilizam para transmitir informações às crianças e por meio dela é que as experiências externas são convertidas em processos internos. Portanto, a linguagem é uma ferramenta poderosa quando se trata de adaptar o intelecto. De acordo com Vygotsky, a linguagem é criada pela interação social com o objetivo de que as pessoas se comuniquem entre si. No entanto, depois, a linguagem se transforma, então, em uma "fala interior", que corresponde aos pensamentos da pessoa. Consequentemente, a linguagem cria pensamentos.

A INFLUÊNCIA DE VYGOTSKY

Atualmente, um método de ensino conhecido como "ensino recíproco" se baseia nas teorias de Vygotsky. Esse método procura aprimorar as habilidades das crianças em adquirir e aprender informações a partir do texto.

Durante o ensino recíproco, em vez de o professor simplesmente dar aulas aos alunos, alunos e professor trabalham em conjunto na hora de aprender e praticar, e tratam de ideias fundamentais do tipo: como preparar resumos da matéria, como perguntar, como esclarecer e como fazer avaliações entre si. Com o passar do tempo, o papel do professor começa a diminuir cada vez mais. Além de assegurar que os alunos sejam mais ativos no processo de aprendizagem, esse método também transforma o relacionamento entre aluno e professor em algo recíproco, pois, à medida que os papéis se alteram, o professor também precisa do aluno para ajudar a criar significado. O ensino recíproco é apenas um exemplo de como é importante o trabalho de Lev Vygotsky. Suas contribuições e ideias relacionadas com a psicologia do desenvolvimento e da educação foram inovadoras e, pelo fato de ter ficado oculto do mundo ocidental até 1962, sua influência continua a crescer até hoje.

TRANSTORNOS SOMATOFORMES
Sentir a dor, mas não saber por quê

Os transtornos somatoformes são doenças mentais em que um indivíduo sofre de sintomas físicos reais que não podem ser explicados por uma condição médica física. Para algo ser diagnosticado como transtorno somatoforme, há que respeitar determinados critérios:

1. Os sintomas físicos não podem ser em consequência de uma condição médica, de utilização de drogas ou de outra doença mental.
2. O diagnóstico não pode ser fingimento (quando um paciente apresenta sintomas físicos para poder ter um ganho externo, muitas vezes na forma de dinheiro) ou um transtorno fictício (quando um indivíduo apresenta sintomas físicos para obter um ganho interno, como o de querer que outras pessoas se sintam mal por eles).
3. Os sintomas têm de prejudicar muito o funcionamento da vida profissional, social e diária do indivíduo.

Existem sete tipos de transtornos somatoformes, que são os seguintes:

Transtorno de somatização (também conhecido como síndrome de Briquet)
O transtorno de somatização em geral ocorre antes dos 30 anos e é encontrado mais em mulheres do que em homens. Os sintomas incluem dores em pelo menos quatro áreas distintas do corpo, problemas com o sistema reprodutivo, como a disfunção erétil ou uma falta de interesse por sexo, problemas gastrointestinais incluindo diarreia e vômitos, e sintomas pseudoneurológicos como cegueira ou desmaio.

Transtorno somatoforme indiferenciado
Esse é um tipo de transtorno de somatização em que o indivíduo tem apenas um dos sintomas do transtorno de somatização, e o paciente o apresenta por um período de pelo menos seis meses.

Transtorno de conversão
Os sintomas do transtorno de conversão em geral ocorrem após o indivíduo passar por um evento estressante ou traumático, e a condição

normalmente afeta as funções motoras e sensoriais voluntárias. Os sintomas comuns incluem paralisia, dormência, cegueira e incapacidade de falar. Por exemplo, se um homem está cavalgando e cai, ele pode sentir paralisia dos membros inferiores após a queda, embora na realidade a perna esteja completamente bem e ilesa. Muitos acreditam que os sintomas físicos do transtorno de conversão representam uma tentativa da pessoa de resolver o conflito dentro dela.

Transtorno de dor

Uma pessoa que sofre de transtorno de dor sente dores crônicas e graves que podem durar vários meses. Ao contrário do fingimento, em que um indivíduo falseia a sensação de dor, aqui a pessoa sente uma dor extremamente grande, que tem um efeito dramático na vida cotidiana do indivíduo.

Hipocondria

A hipocondria ocorre quando um indivíduo está preocupado com o medo de ter uma doença muito grave. Ao interpretar equivocadamente os próprios sintomas, as pessoas determinam que a gravidade desses sintomas é muito maior do que na realidade. Mesmo depois de ser examinado e avaliado por um médico, a preocupação e a crença nos sintomas continuam, ou se afastam por um curto período e, em seguida, retornam. Ao contrário do fingimento, as pessoas que sofrem de hipocondria não fazem simplesmente os sintomas surgirem. Na verdade, não conseguem controlar seus sentimentos e estão convencidas de que qualquer tipo de sintoma é um sinal de doença grave. Pode-se dizer que um indivíduo tem hipocondria quando apresenta esse tipo de comportamento por pelo menos seis meses, e seus sintomas não podem ser explicados por outras doenças, como o transtorno do pânico, o transtorno obsessivo-compulsivo ou o transtorno de ansiedade generalizada.

Transtorno dismórfico corporal

Quando uma pessoa sofre de transtorno dismórfico corporal ela se torna obsessiva em relação a uma deformidade ou imperfeição física que pode existir ou não. Esse tipo de transtorno somatoforme apresenta uma preocupação com defeitos físicos que são triviais ou completamente inexistentes, e essa obsessão cria um desconforto social, profissional e na vida cotidiana do indivíduo. Um exemplo de transtorno dismórfico corporal poderia ser o de uma mulher que sempre usa luvas porque possui uma pequena cicatriz em uma das mãos. A mulher fica obcecada e com uma fixação a respeito de algo muito trivial. Para caracterizar um transtorno somatoforme como dismórfico corporal, nenhum dos sintomas pode ser explicado por outros distúrbios. Por exemplo, quando uma pessoa se preocupa com seu peso, isso normalmente ocorre em consequência de um distúrbio alimentar e não de transtorno dismórfico corporal.

Transtorno somatoforme não especificado (NOS)
Quando uma pessoa sofre de sintomas característicos de um transtorno somatoforme, mas não satisfaz a nenhuma das condições relacionadas com qualquer transtorno específico.

FATORES QUE CONTRIBUEM PARA TRANSTORNOS SOMATOFORMES

Os pesquisadores acreditam que fatores cognitivos e de personalidade desempenham papel importante no desenvolvimento de transtornos somatoformes.

Fatores cognitivos
Os fatores cognitivos que os pesquisadores acreditam que contribuem para o desenvolvimento de um transtorno somatoforme incluem os seguintes:

- ter uma visão distorcida do que seja uma saúde boa e, portanto, esperar que uma pessoa saudável nunca sinta desconforto ou nunca apresente nenhum sintoma;
- preocupar-se exageradamente com as sensações corporais;
- chegar a conclusões muito extremas quando sente apenas sintomas menores.

Fatores de personalidade
Muitos acreditam que as pessoas com traços de personalidade histriônica apresentam uma probabilidade maior de desenvolver um transtorno somatoforme. Essas pessoas se comportam de modo que chamem a atenção dos outros, são muito emotivas e dramáticas, são muito sugestionáveis e autocentradas. A combinação desses fatores parece aumentar a probabilidade de caírem vítimas de um transtorno somatoforme gerado por elas mesmas.

EFEITOS FALSO CONSENSO E FALSA EXCLUSIVIDADE

Tudo o que eu faço, você faz... certo?

O efeito falso consenso é o fenômeno que ocorre entre as pessoas, em que existe a tendência de pensar que nossas opiniões e crenças sejam as opiniões comuns entre todos os demais. De modo semelhante, o efeito falsa exclusividade é um fenômeno em que as pessoas subestimam como realmente são comuns suas habilidades a atributos desejáveis. O efeito falso consenso e o efeito falsa exclusividade são exemplos de vieses cognitivos que são falhas no julgamento causadas pela mente, para que o cérebro consiga processar informações em um ritmo mais rápido.

EXPERIMENTOS DE LEE ROSS SOBRE O EFEITO FALSO CONSENSO

Embora haja poucas evidências experimentais que mostrem o efeito falsa exclusividade em ação, tem havido um trabalho mais substancial a respeito do efeito falso consenso. Em 1977, o professor Lee Ross da Universidade Stanford criou uma série de experimentos para analisar como funciona o efeito falso consenso.

Primeiro estudo de Ross

Em seu primeiro experimento, Ross pediu que um grupo de participantes lesse a respeito de situações que envolvessem algum tipo de conflito. Em seguida, indicou a esse grupo duas formas de reagir à situação e pediu que fizessem três coisas:

1. Imaginar a opção que as outras pessoas no grupo escolheriam.
2. Dizer a opção que eles escolheriam.
3. Descrever as qualidades e as características do tipo de pessoa que escolheria a primeira e a segunda opção.

Os resultados desse experimento mostraram que a maioria dos participantes acreditou que os outros escolheriam a mesma opção que eles, não importando a opção escolhida, validando, assim, o efeito falso consenso.

Curiosamente, ao responder à terceira parte do experimento, as qualidades e as personalidades que os participantes associaram àquelas pessoas que escolheram a opção que não a deles foram muito extremadas. Ou seja, eles assumiram a mentalidade do "se você não concorda com o que eu tenho a dizer, então você deve estar errado".

Segundo estudo de Ross

No segundo estudo de Ross, perguntou-se a um novo grupo de participantes se estariam dispostos a caminhar ao redor do campus da faculdade por trinta minutos portando uma placa que dizia "Almoce no Joe's". A título de motivação, Ross disse que no fim do experimento os participantes aprenderiam algo útil. Informou também que eles tinham liberdade para recusar, se quisessem. Em seguida, Ross fez as mesmas perguntas ao grupo de pessoas, como no primeiro estudo.

Um total de 62% das pessoas que concordaram em participar do experimento acreditou que os outros fariam o mesmo, e apenas 33% das pessoas que não concordaram em participar do experimento acharam que as outras pessoas usariam a placa. O segundo estudo de Ross confirmou os resultados de seu primeiro estudo, e, de forma muito parecida, os participantes fizeram previsões extremadas sobre o tipo de pessoa que escolheria a resposta que eles não escolheram.

O IMPACTO DO EXPERIMENTO DE ROSS

Lee Ross conseguiu provar a existência do efeito falso consenso e mostrar que as pessoas têm a tendência de julgar que todas as outras deveriam tomar suas decisões com base em como elas próprias tomam uma decisão. Ross mostrou também que, se alguém toma uma decisão com a qual não concorda ou não escolheria, então tende a ver o outro sob uma luz negativa, considerando-o inaceitável ou equivocado.

PROVANDO A FALSA EXCLUSIVIDADE

Embora existam poucas evidências empíricas para a falsa exclusividade, em 1988, Jerry Suls, Choi K. Wan e Glenn S. Sanders publicaram um artigo que analisava o fenômeno da falsa exclusividade sob o aspecto de como os indivíduos enxergam o próprio comportamento em relação à saúde.

Para conduzir o estudo, os pesquisadores utilizaram como participantes um grupo de homens em idade de frequentar a faculdade. A primeira hipótese foi a de que o efeito falso consenso ocorreria nos casos em que as pessoas enxergariam o próprio comportamento saudável (como o de fazer exercícios) como comum entre aqueles que também tivessem um comportamento saudável. Em seguida, os pesquisadores levantaram a hipótese de que os participantes que agissem de forma indesejável (sem se exercitar, por exemplo) superestimariam o número de pessoas que se comportariam da mesma forma que eles, e que os participantes que agissem de forma desejável (fazendo exercícios) subestimariam a quantidade de pessoas que se comportariam dessa maneira.

Os resultados do experimento mostraram fortes evidências que respaldavam as duas primeiras hipóteses e algumas evidências que sugerem que a terceira hipótese pode ser verdadeira. Acredita-se que as pessoas que apresentam um comportamento indesejável resistem a qualquer tipo de intervenção e não adotam um comportamento saudável por superestimar o consenso de seu comportamento, e que alguns podem até acreditar que há poucos riscos à saúde envolvidos. Embora isso efetivamente mostre alguma prova do efeito falsa exclusividade, é necessária maior investigação.

O viés criado pelo efeito falso consenso pode ter um impacto muito grande na sociedade e tem implicações muito reais. Um dos exemplos mais alarmantes do efeito falso consenso pode ser visto nas opiniões negativas encontradas entre fundamentalistas e radicais políticos. Embora essas pessoas não necessariamente acreditem que a maioria tenha as mesmas opiniões e crenças radicais que elas, efetivamente superestimam a quantidade daqueles que concordam com essas ideias, distorcendo ainda mais a percepção que possuem sobre o mundo ao redor.

ESTRESSE

A ciência por trás da pressão

Estresse ocorre quando uma resposta fisiológica é provocada a partir de estímulos externos. Os estímulos podem ser psicológicos e fisiológicos, e o estresse pode ser de longo ou curto prazo. A despeito de como falamos disso, o estresse não é simplesmente um sentimento; ele pode de fato afetar o estado biológico e psicológico de uma pessoa. Quando tratamos do estresse, tendemos a pensar nele como algo equivalente à preocupação, mas é muito mais do que isso, e nem sempre tem de ser ruim. Na verdade, existem dois tipos de estresse: o distresse e o eustresse, que ocorrem a partir de eventos negativos e positivos, respectivamente.

Definições Médicas

- **DISTRESSE:** estresse que ocorre a partir de eventos negativos. Por exemplo, o estresse que ocorre em função da morte de um ente querido, de se machucar ou de perder um emprego.
- **EUSTRESSE:** estresse que ocorre a partir de eventos positivos. Por exemplo, o estresse que ocorre ao assistir a um filme de terror, passear em uma montanha-russa ou receber uma promoção no emprego.

A RESPOSTA LUTAR OU FUGIR

Na década de 1920, o fisiólogo norte-americano Walter Cannon descreveu uma teoria sobre como os animais lidam com o estresse com base no comportamento. Ele denominou essa teoria de resposta lutar ou fugir, também conhecida como estresse agudo.

De acordo com Cannon, quando um animal está sob estresse intenso (mesmo que o estresse não seja real), uma reação psicológica e fisiológica é desencadeada. Haverá a súbita liberação de substâncias químicas, incluindo a adrenalina, a noradrenalina e o cortisol no corpo. Isso gera uma aceleração da frequência cardíaca, um aumento da respiração, uma contração dos músculos e uma constrição dos vasos sanguíneos, resultando na energia necessária para reagir lutando ou fugindo. Essa resposta involuntária é regulada por três sistemas corporais: o sistema imunológico, o sistema endócrino e o sistema nervoso central.

OS EXPERIMENTOS DE HANS SELYE COM RATOS

O efeito que o estresse pode ter sobre o corpo foi descrito pela primeira vez pelo cientista húngaro Hans Selye, em 1936. Selye propôs a teoria de que um estresse crônico cria alterações químicas em longo prazo no corpo e que, portanto, o estresse poderia ser uma causa importante de doenças.

Na verdade, Selye chegou por acaso a essa conclusão quando trabalhava com ratos como assistente do departamento de bioquímica da Universidade McGill. Ele estava trabalhando em um experimento que envolvia injetar extrato de ovários em ratos com a esperança de descobrir uma reação que pudesse levar a um novo tipo de hormônio sexual.

Os ratos efetivamente mostraram uma reação: baço, timo, linfonodos e córtex adrenal se alargaram, e eles tiveram profundas úlceras hemorrágicas no duodeno e no revestimento estomacal. À medida que Selye ajustava a quantidade de extrato, essas reações aumentavam e diminuíam em conformidade. Hans Selye ficou com a impressão de que havia descoberto um novo hormônio. No entanto, em seguida ele tentou fazer uma experiência com extrato de placenta e extrato pituitário. Para sua surpresa, os ratos apresentaram respostas exatamente iguais. Ainda sob a impressão de que esse era um novo hormônio com o qual estava lidando, Selye tentou mais uma vez o experimento com extratos de vários órgãos, incluindo o rim e o baço. As mesmas reações ocorriam em cada um dos testes. Confuso com os resultados, Selye tentou uma última coisa: injetar um tipo de formaldeído nos ratos. Isso também trouxe os mesmos resultados.

SÍNDROME DA ADAPTAÇÃO GERAL DE HANS SELYE

Considerando que seus experimentos com os ratos foram um fracasso (pois, afinal, nenhum hormônio foi descoberto), Hans Selye começou a procurar outras causas possíveis para os sintomas que havia descoberto. Alguns anos mais tarde, ele se lembrou de uma experiência que havia feito quando estudava medicina em Praga. Os pacientes apareciam reclamando de problemas intestinais, assim como de dores generalizadas. Depois de muitos exames, os pacientes também acabavam tendo febre, dilatação do fígado e do baço, erupções cutâneas e amígdalas inflamadas. Somente mais tarde é que sintomas diagnosticáveis relacionados a doenças específicas começavam a aparecer.

Selye também ficou intrigado com a ideia de que os médicos sempre pediam aos pacientes que realizassem determinados tratamentos, não importando do que estivessem doentes — tratamentos que incluíam repouso, comer alimentos de fácil digestão e evitar quartos que variavam de temperatura.

A partir de seu trabalho com os ratos e de suas lembranças da faculdade de medicina, Hans Selye identificou o que denominou de síndrome de adaptação geral, que descreve as reações do corpo ao estresse. Segundo Selye, a síndrome de adaptação geral pode ser dividida em três fases:

1. **Reação de alarme:** ocorre quando a homeostase é perturbada por um estressor ou estímulo externo e o corpo percebe pela primeira vez esse estímulo. É nessa primeira fase que a resposta lutar ou fugir de Cannon entra em ação e hormônios são liberados para dar às pessoas a energia suficiente para lidar com a situação em questão.

    Se a energia liberada a partir da resposta lutar ou fugir permanecer sempre sem uso por falta de atividade física, isso pode realmente ter efeitos nocivos sobre o corpo. O hormônio cortisol em excesso, por exemplo, pode prejudicar o tecido muscular e as células, e pode até levar a úlceras gástricas, níveis elevados de açúcar no sangue e derrame. Se houver adrenalina demais no corpo, os vasos sanguíneos do cérebro e do coração podem ser prejudicados, o que aumenta o risco de sofrer um derrame cerebral ou um ataque cardíaco.

2. **Adaptação:** ocorre quando o corpo começa a combater o estímulo externo e restaurar a homeostase através de recuperação, renovação e restauração. Esse processo é conhecido como resistência e ocorre quase imediatamente após o início da fase de alarme, e continua até que a condição estressante desista. Se a condição

estressante continuar, o corpo permanecerá em seu estado de excitação.

Uma pessoa passa a enfrentar problemas quando esse processo começa a se repetir com muita frequência, deixando pouco ou nenhum tempo para que a recuperação se estabeleça. Se isso ocorrer, o indivíduo passa para a próxima fase.

3. **Exaustão:** ocorre quando o corpo esgota a energia, tanto física quanto psicológica, necessária para combater o estressor. Isso vale especialmente para os estressores crônicos, pois, ao lutar contra o estresse de curto prazo, a pessoa pode não esgotar completamente sua energia. Com a energia perdida, o indivíduo já não consegue resistir ao estressor.

Em consequência, os níveis de estresse sobem e mantêm-se elevados. O indivíduo pode apresentar fadiga adrenal, esgotamento, má adaptação, sobrecarga ou disfunção. O resultado do estresse crônico sobre o corpo e a mente também é bastante impressionante. As células nervosas de órgãos e tecidos podem sofrer danos, a memória e o pensamento podem ficar prejudicados e a pessoa fica mais propensa a ter ansiedade ou depressão. Altos níveis de estresse também podem contribuir para artrite reumatoide, pressão arterial elevada e doenças cardíacas.

TEORIA DA AUTODISCREPÂNCIA

O impacto da realização (ou falta dela)

De 1987 a 1999, o psicólogo Edward Tory Higgins criou um conceito que tenta explicar a fonte de todo desânimo e ansiedade: a teoria da autodiscrepância. De acordo com a teoria de Higgins, um indivíduo sofre desânimo quando sente que suas esperanças e ambições não foram realizadas, e um indivíduo sofre de ansiedade quando sente que um dever ou obrigação não foi cumprido.

A teoria da autodiscrepância afirma que, ao longo da vida de um indivíduo, ele percebe que alcançar metas e aspirações pode levar a certas recompensas em termos de segurança, como a aprovação e o amor. As aspirações e as realizações se fundem para criar um conjunto de princípios, que, por sua vez, formam um guia do "eu" ideal. Ao sentir que talvez possa não conseguir alcançar uma dessas metas, gradualmente a pessoa começa a antecipar a perda das recompensas; em consequência vêm o desânimo, a depressão e a decepção.

A teoria da autodiscrepância também afirma que, ao longo da vida de um indivíduo, ele aprende a cumprir com seus deveres e suas obrigações para evitar a punição e os resultados desfavoráveis. À medida que o tempo avança, essas experiências criam um conjunto abstrato de princípios para o indivíduo, que funcionam como guia, e se ele sente que os deveres e as obrigações dentro desse guia não foram cumpridos, passa por um sentimento ou sensação de punição. Esse sentimento de punição aparece como ansiedade e agitação.

EVIDÊNCIAS DA TEORIA DA AUTODISCREPÂNCIA

Em 1997, Edward Tory Higgins e seus colegas pesquisadores conduziram um experimento em uma tentativa de provar a teoria da autodiscrepância.

Em primeiro lugar, o experimento fez os participantes listarem todas as características de personalidade que gostariam de ter e, em seguida, todos os traços que sentiam que deveriam ter. Essas listas de características foram chamadas de "ideal" e "desejável". Os participantes descreviam, então, a quantidade desses traços que já possuíam. Na fase final do experimento, a quantidade de emoções sentidas era avaliada pelos participantes por meio de uma escala de quatro pontos.

Os resultados do experimento foram consistentes com as ideias apresentadas pela teoria da autodiscrepância. Os indivíduos que sentiram que seus ideais não foram alcançados — a chamada discrepância real-ideal — mostraram uma taxa maior de desânimo, e os indivíduos que ficaram insatisfeitos com as características desejáveis — a chamada discrepância real-desejável — mostraram uma taxa maior de agitação.

COMPLICAÇÕES

No entanto, há vários fatores complicadores para a teoria da autodiscrepância. As emoções que resultam de autodiscrepâncias dependem de a pessoa ter escolhido ou não essas aspirações específicas por si mesma. Higgins afirmava que deixar de alcançar metas que foram impostas por outro indivíduo resulta em sentimentos de constrangimento e vergonha, não de decepção ou desânimo. De forma semelhante, deixar de cumprir obrigações que foram impostas por outra pessoa gera sentimentos de ressentimento.

Em 1998 foi realizado um estudo que colocou em dúvida a teoria da autodiscrepância que prova que qualquer tipo de discrepância levava a sentimentos de vergonha e que, na verdade, os sentimentos de depressão é que surgiam no lugar da ansiedade a partir das discrepâncias real-ideal e real-desejável. Esse estudo foi um dos vários que tentaram estabelecer alternativas para o modelo da autodiscrepância de Higgins. Várias das alternativas propostas são apresentadas a seguir.

O dinheiro na mente

Para muitos, a discrepância entre "riqueza, status e posses existentes" e "riqueza, status e posses desejadas" é uma fonte constante de desânimo e agitação. Embora possa ser comum esforçar-se para obter mais e melhorar essas características, os estudos mostraram que esse cenário não melhora significativamente o bem-estar e que pode, na verdade, fazer o oposto. Em vários estudos, constatou-se em geral que, embora as pessoas desejassem mais dinheiro do que realmente possuíam, isso não tinha nenhuma influência sobre suas emoções e sua satisfação com a vida, e que as discrepâncias que essas pessoas apresentavam em termos de quanto dinheiro possuíam e quanto dinheiro queriam estavam inversamente relacionadas com o seu bem-estar (emoções e satisfação).

DISCREPÂNCIAS MÚLTIPLAS

Em 1985, Alex Michalos criou a teoria das discrepâncias múltiplas, que afirmava que as pessoas podiam se sentir insatisfeitas ou infelizes por três motivos: se os recursos adquiridos ao longo da vida não forem iguais, ou maiores, do que os recursos adquiridos por pessoas fundamentais na vida delas (conhecido como discrepância de comparação social); se as pessoas tiveram acesso a mais recursos em dado momento, mas já não têm o mesmo acesso (conhecido como discrepância de comparação com o passado); e se as pessoas não adquiriram os recursos que desejavam (conhecido como discrepância do desejo, semelhante à ideia encontrada na teoria de autodiscrepância).

O SELF INDESEJADO

Em vez de se concentrar nos ideais, alguns pesquisadores acreditam que as discrepâncias que surgem do *self indesejado* desempenham um papel mais importante com relação ao humor e à satisfação. Em um estudo de 1987 conduzido pelo professor Daniel M. Ogilvie da Universidade Rutgers foi feita uma avaliação do *self* real, do *self* ideal e do *self* indesejado. Para medir o *self* indesejado, os participantes tiveram de descrever quem eles eram quando estavam em seu pior. O estudo constatou que as discrepâncias entre o *self* real e o *self* indesejado estavam muito fortemente associadas com a satisfação, enquanto as discrepâncias entre o *self* real e o *self* ideal não estavam tão fortemente associadas com a satisfação.

A teoria por trás desses resultados é a de que o *self* indesejado está mais ancorado na realidade, enquanto o *self* ideal é um conceito vago demais, pois não está enraizado por nenhuma experiência real.

TEORIA DE FUGA

A teoria de fuga afirma que, ao sentir que padrões importantes são inatingíveis, a pessoa desenvolve uma grande autodiscrepância e o resultado será um forte impulso para fugir da realidade de si mesmo. O desejo de fugir pode aparecer como comportamentos do tipo sono excessivo, uso de drogas e tendências suicidas.

De acordo com a teoria de fuga, há algumas fases que ocorrem antes de uma tentativa de suicídio:

1. A pessoa tem uma sensação de decepção ou fracasso porque se tornou consciente da discrepância entre os padrões que espera atingir e ela mesma.
2. A pessoa, então, atribui o fracasso a ela mesma em vez de atribuí-lo a situações transitórias.
3. Em seguida, a pessoa se torna extremamente consciente de si mesma e começa a constantemente avaliar o próprio comportamento. Esse estado de consciência reforça os sentimentos negativos do indivíduo sobre si mesmo.
4. Ocorre uma desconstrução cognitiva em que a pessoa rejeita quaisquer perspectivas anteriores, evita metas, pensa em termos concretos e rejeita o sentido de tudo. A partir desse estado desconstruído, medidas drásticas, comportamento irracional e emoções negativas parecem aceitáveis e são amplificadas.

O suicídio, então, torna-se a derradeira fuga para o indivíduo. Essa espiral descendente mostra o poder inato desses tipos de discrepâncias, seja entre o *self* real e o *self* ideal, ou entre o *self* real e o *self* indesejado.

LEIA TAMBÉM:

O guia completo da filosofia para você abrir a mente sem sofrer!
De Platão e Sócrates, de ética e metafísica até as ideias que ainda transformam o mundo. O livro essencial sobre o pensamento humano.
Ética, estética, epistemologia, metafísica e milhares de outras palavras complicadas de um jeito incrível, afinal, tudo vai fazer sentido de verdade.

Descubra o que os mitos têm a ver com sua vida.
Dos deuses e deusas aos monstros e mortais, seu guia sobre a mitologia antiga.
Histórias que explicam (ou pelo menos na época explicavam) nascimento e morte, graças e desgraça, desejo e fúria.

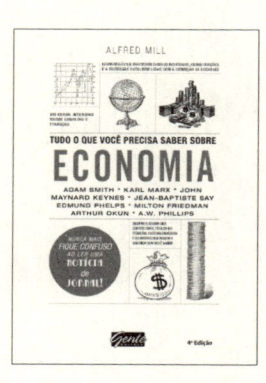

Nunca mais fique confuso ao ler uma notícia de jornal!
Um curso intensivo sobre dinheiro e finanças.
Economia é o estudo sobre como os indivíduos, as instituições e a sociedade escolhem lidar com a condição de escassez.

Este livro foi impresso pela
Gráfica Bartira em pólen bold 70 g
em abril de 2025.